仕事のための
センス入門

松浦弥太郎

筑摩書房

装画・挿絵
佐野圭
装丁
櫻井久、中川あゆみ（櫻井事務所）

仕事のためのセンス入門　もくじ

JUMP

仕事のためのセンス入門

1　自分を知る

新しい時代のセンス

この一〇年の社会の変わりようは、それまでのどの一〇年よりも激しいのではないでしょうか。

たとえばインターネットやソーシャルメディアが普及して、世界中の人や情報と簡単につながることができるようになりました。ＡＩ（人工知能）の登場により、働き方も変化しようとしています。気候変動や環境問題がクローズアップされ、政治的にも経済的にも世界情勢の枠組みが大きく変化しました。

その大きな変化が僕たちにとって無縁であるはずはありません。世の中が大きく変わろうとしている今、毎日、楽しく仕事をしたり、暮らしたりするために、もう一度「センス」、すなわち「生き方」を問い直してみる時期に来ているのではないかと思います。

自分の価値観や考え方が時代に合っているものかどうか、いくつかの面からとらえ直してみましょう。

かつてはなかった新しい意識や習慣もいくつか必要になっているはずです。すでに時代遅れになってしまっている固定観念や考え方は、どうしたら今の時代に合ったものに変えられるか問い直してみましょう。

それをひとつひとつ見つめ直す過程はきっと、これから先の人生を生きていくために、自分が必要なリテラシーを備えているかどうかの、人生の棚おろしになると思います。さっそく始めましょう。

どんな人間になりたいのか

さて、最初に質問です。

仕事である目標やビジョンを立てたとき、あなたはどんなふうにそれを達成しますか？

人間関係に波風をたてることを好まず、日々ていねいにこつこつと仕事を積み重ねていく。このような姿勢で働くことを、僕たち日本人は長いあいだ、美徳であると考えてきました。

たしかに、それで輝かしい成功を収めることができた時代もあったと思います。

けれどもグローバルな場面でも同じようにこの姿勢が美徳かというと、少し違うようです。厳しい競争を前提としたビジネスの場では、もどかしく感じられることもあるのです。

世界で活躍するビジネスマンたちの意識はもっと計画的で、もっと高い生産性と効率を重んじます。具体的な目標を決めると、将来の姿から逆算して、途中にいくつかの締め切りを設定します。その締め切りが多少難しいものであっても、学びにいそしみ、間に合わせることに全力を尽くし、最終的に目標を達成させるのが彼らのやり方です。しかもたいていは、ゴールを決めると三年から五年程度というスピード感で目標を実現していきます。

ここでこのようなお話をしたのは、ある仕事で目標を達成しようとするとき、一歩ずつ足場を固めながら進めていく方法もありますが、決められたゴールに向けて効率的よく突き進む方法があることを知っておいてほしいからです。

計画をしっかり立てることができれば、今日何をするべきかが、おのずとわかってきます。いわばよく言われる「逆算の発想」ですが、その逆算というのが、じつは僕たち日本人はわりと苦手なようです。

逆算の発想で計画を立てると、目標達成のために犠牲にしなければならないことが、たくさん出てきます。たとえばプライベートな時間や他人への気遣い、今までの方法やルールなどがそうですが、それをこわしてでも、今日すべきことを成し遂げる。時には目標達成を妨げる物事は容赦なく切り捨て、時には昨日言っていたことを容易に一八〇度変えることさえあります。考えようによっては「冷淡」だとも言えますが、グローバル社会においてはそのくらいシビアに目標を達成させている人が多いのです。

人との付き合いや和を重んじる日本人には、なかなかそこまではできません。情に厚いし、やさしいし、のんびりしているし、組織のためによくないと知りつつ、厳しい決断をなかなか下せないのが日本人ですから。

もしもあなたがこれからも高い目標をもって仕事を続けていくなら、日本の国内だけでなく、世界に目を向けていくことは避けて通れませんし、もっと新しい思考にも挑戦して、それをかたちにしてほしいと思います。これは、世界でビジネスをしていくあなたに当然、必要なことになってくるはずです。

ただ、仕事で目標を達成する前に、考えなければならない大切なことがあるのです。それは、「自分がどんな人間になりたいか」を明確にすることです。それに合わせて自分の意識と仕事のスタイルを変えていくことも心がけたほうがいいのではないでしょうか。

自分らしい特徴を意識する

日本人ののんきでやさしい性格は、けっしてマイナスに働いてばかりではありません。大切なのは、それをグローバルな視野でバランスよく「意識をする」ということです。「日本人とは何者なのか」というのを知っておくことは、深くセンスにかかわることです。欧米人になろうとする必要はないのです。

日本で育ち、日本で学んだ僕たちは、外国の人のようにはなれません。たとえなろうと努めても、彼らのようにタフで厳しさに徹することなんて、とうていできないでしょう。けれども、「日本人の長所と短所」を意識しておくことで、プレイヤーとしての自分は変わるのではないでしょうか。何かを成し遂げるためには、自分のできること、得意なことを知っておくことが、とても大事だと思います。

自分の長所と短所をよく知っておいて、そのうえで外国の人たちと付き合っていく——一緒に仕事をする場面でも、外国に向けて何かを発信していく場面でも同じです。

たとえば、日本人の宗教観は独特です。仏教や神道に根ざすものの考え方をする一方、クリスマスも祝い、ハロウィンも楽しみます。欧米の人たちからすると、この日本人の宗教観はとても不思議に映るようです。こういう良いものは自由にどんどん取り入れる日本人の垣根の低さは、逆にいいところだと僕は思います。

自然を愛し、過剰ではないもの、むしろ簡素なもののなかに美しさを見つけるのが上手なところも日本人の長所です。デザインや工芸、料理などのジャンルでも、細やかで、繊細な日本人の感覚は、外国人がうらやむ部分でしょう。深い心づかいと親切心、そして、合理性とシンプルな美意識、絶え間ない工夫と革新。これは日本人ならではの長所です。

「装飾する」という文化は僕たちにはあまり強くありません。ヨーロッパの邸宅を訪れると、壁という壁はすべて空いているところがないくらい、たくさんの絵画や鏡やレリーフなどで飾られています。さらに床も柄が描かれた絨毯などで埋め尽くします。日本人はそういうことを好みません。

なぜなら僕たちにとって、無機質な白い壁というのが美しいものなのですから。ごちゃごちゃとたくさんあるよりも、何もないほうがいいと感じるのが日本人です。そこにたったひとつだけ季節を感じさせる何かが置いてあればさらにいい、というのが僕たちの美学です。部屋のなかのそこだけにたったひとつ美しい何かを置くことで、空間をかたちづくるという感性は日本人の優れた美意識で、なかなか外国人がもち得ないものです。覚えようと思っても覚えられないものです。

自分または日本人とは何者なのかをよく知っておくというのは、ひとつのセンスにつながります。そこをしっかりと自覚し、自分で伸ばして、武器としてひとつの切り札に育てておくといいと思います。

2 不安に打ち勝つ情報収集

「知らない」から怖い

どんな人生にも不安や孤独はつきものです。「大きな地震が起きたらどうしよう」、「自分がひとりぼっちになってしまうかもしれない」……不安はいっぱいで、孤独になることの怖さは消えません。

この不安に打ち勝つために何が必要なのでしょうか？

僕は、そのカギは情報収集にあると思っています。もしも「一週間後の世界」を知っていれば、それに対してさっそく何ができるかを考え始めるでしょう。知っていれば怖くありません。いつ、何が、どんなふうにやって来るか、わからないから怖いのでしょう。つまり、「知らない」から怖いのです。

意識的に情報収集の能力を高めておくことは、今、とくに必要とされていることだと思います。なぜなら、自信がみなぎり、溌剌と仕事をこなし、成功している人たちの多くは、情報収集を習慣化していますし、「知らない」を減らすために見えない努力を重ねているからです。

駆け出しの若い時代は、何が起きても、感性さえあれば乗りきれる自信のようなものがありますが、社会人としてのキャリアを積むにしたがって、感性だけでは通用しないと思い知るときが必ずやって来ます。常識はもちろん、知識や教養のようなものが備わっていないと、説得力に乏しく、誰からも信用を得られなくなるのです。

判断をくだすとき、重要な案件を決定するとき、集められた数字から結論を導き出すとき、そういう場面であなたのロジックが求められた、と想像してみてください。当然、状況への広い目配りや分析、誰もが納得できる客観的なエビデンスが必要になるでしょう。それを手に入れるのが「情報収集」です。

情報収集の方法にはさまざまな考え方がありますが、なかでも「最新の事実」を知っているかどうかはとても大事なことです。大切なのは「最新の」ということで、せっかく手に入れた情報が、昨日の事実では意味がありません。一番新しくて、かつ正しい情報をキャッチアップすることにこそ力を注がなければなりません。

僕たちのまわりは情報で溢れかえっています。そのほとんどが、事実ではなかったり、賞味期限が切れた情報なのが現状です。溢れんばかりの情報のなかで価値のあるものはひと握り。そのひと握りの「最新の事実」を、あなたは、しっかりと見つけられますか？　すでに「情報」とすら言えないようなことや、誤った情報を手に入れて、知っているつもりになっては、どうしようもありません。

不安を乗り越えていこうと思ったら、「最新の事実」を手に入れること――それはどんな仕事をする場合でもけっして怠ってはならないことです。つまり、「最新の事実」を把握しておくことができれば、遅れをとらない対処ができるのですから。

新型コロナ（COVID-19）が流行し始めたときを思い出してください。テレビの情報番組では、毎日、いろんなことを伝えていましたが、振り返ってみると、そこに「最新の事実」はどのくらいあったでしょうか？　SNSなどを通してあなたの耳に入った情報は、誰が言いはじめたものだったのでしょうか？　日本のメディアには、信頼に足る「最新の事実」はどのくらいあったのでしょうか？　海外のメディアにまで目を通さないと正しい情報は得られなかったと、今ならわかります。

どうすれば、効率よく、質のよい新しい情報を集めることができるのでしょうか？　それには、情報収集に時間と手間をかけることを習慣化するしかありません。そうです、習慣化して毎日取り組むしかないのです。

何から情報を得るか

僕が情報を集めるために目を通しているメディアは、新聞、雑誌や書籍、インターネット、そして他にはテーマによってですが、国の機関が発表しているデータです。国のデータとは、たとえば、コロナから目が離せない時期でしたら、各国の厚生省（それに当たる国家機関）などが出しているファクトや数値です。

新聞は日経新聞を含む主要三紙などで、雑誌は集めたい情報のジャンルによりますが三誌ほど、さらに理解を深めるためには書籍。オンタイムで国内と海外の情報を得るためにはインターネットを。

もうひとつ、欠かすことができない大事な情報源は「人」です。仕事仲間や同じような関心をもつ人たちが集まる勉強会のようなものは、テレカンファレンスである場合もふくめて定期的に行われていますが、それには積極的に参加しています。たいてい、いろんな業種の人たちが集まり、一カ月に一回程度、オピニオンリーダーの話を聞くという形式で行われています。このような勉強会が、よい情報源になるのです。そういう場で語られるのは、メディアにも出ないような「ここだけの話（インサイド情報）」が多いものです。

こうしたいくつかの情報源から自分に必要な情報をキャッチアップする習慣を身につける、それが大事だと思います。

けれども、毎日毎日情報収集するのはめんどうだという人もいるでしょう。なぜなら自分で努力をしなくても、情報というものは自然に耳に入ってきますから。

じつは何もしなくても耳に入ってくる情報は、一歩遅れているものが多く、あまり価値はないものです。「正しい事実」といえる情報は、自分から意識的に動いて、苦労を重ねて捕まえるものなのです。そして、そうしないと、情報が自分のなかで知識になっていかないのです。

なぜ情報を知識にしていくことが大切なのでしょうか。答えは、情報は自分でキャッチアップして、分析しないと、その正しさを確認できないからです。そして、正しさを確認できないと、未来に向けて仮説を立てることができないからなのです。

仕事とは、いつでも仮説を立てて、それを確かめながら前に進めるものです。何かを決定するときは、つねにいく通りかの仮説を立てますが、仮説を立てるためには根拠となる新しい情報が必要です。その仮説どおりに人の力を借りたり、お金や時間を使って動くので、もしも間違えていたら自分の信用を失ってしまいます。そのために、「正しい情報」をどれだけ備えられるかが大切なのです。

だからこそインターネットや新聞、本、雑誌、さらに人に会う、数値データや時には論文のようなものまで、能動的に取りに行き、多角的に分析することを自分の習慣とするのです。

僕の場合、毎日、最低一時間を情報収集に当てています。一日たった一時間。その時間が一時間半では長すぎると思っています。毎日欠かさず、一時間をかけて情報収集するのは、一見、大変なことのように思えるでしょう。けれども、ゲーム、テレビ、SNSを見て一時間を過ごしてしまうよりも、ずっと価値がある一時間なのではないでしょうか。

僕は毎日、一〇キロのマラソンを走っていますけれど、それも一時間と決めています。たった一時間のマラソンで、どれだけ、自分のメンタルとヘルスケアを整えられるかを考えると、その効果ははかり知れません。情報収集にもそれと同じ価値があります。

ソファに座って、ぼんやりしていても一時間はあっという間に過ぎていく時間です。たった一時間で自分の視野と行動は変わると思っています。このことをもっと意識したほうがいいと思います。僕にとっては、走ることと情報収集にかけているそれぞれの一時間は、非常に重要な仕事でもあるのです。まさに定番のセンスなのです。

自分のノートをつくる

新聞は、毎日読むだけではなく、気になる記事を切り抜きます。目をとおす欄は決まっているので関心のあるジャンル以外はほとんど見ません。「国際経済」、「金融」、「販売・サービス」、「ファッション」、「カルチャー」、「インターネット」、「医療」、「暮らし」など、関心のあるジャンルは多く見積もっても一〇種くらいでしょうか。

情報収集するときには、できるかぎり具体的にジャンル分けして整理します。「経済」ではなく「販売・サービス」、「科学」ではなく「医療」というように。そして、自分で自分の関心にマッチするジャンルをつくることが大事です。ジャンルが決まっていれば、新聞を見ても、インターネットを見ても、たいてい引っかかるところは同じ内容の情報です。

切り抜いた記事は、日付を記して、ジャンルごとに分けて袋に入れていきます。

毎日その作業をして、どんどん記事を溜めていくのですが、週末にそれを全部見直します。一週間をかけて袋に溜めたものを確認して、「これは、いらないな」、「なんでこんなのを選んだのかな」という切り抜きはふるい落とします。必要な切り抜きを選んだら、次に、その記事のタイトルと要点をノートに書き取ります。

僕の情報収集の一番のポイントはそこです。大切だと思った情報は、徹底的に手でノートに書くのです。つまり、こうすることで自分の情報ノートができあがります。このノートは今週一週間で起きた、自分にとって忘れてはいけない必要な情報を束にしたものです。僕にとっての「最新の事実（かもしれない）の断片」だけを書き取ったノートです。

「書き取る」よりも手軽な方法として「コピー&ペースト」があります。けれども、「コピペ」をして自分のノートをつくっても、何の役にも立ちません。

自分の手で情報を切り抜き、改めて見直し、書き取る、それは気軽にコピー&ペーストで情報をまとめておくのとは重みが違います。自分でつくったそういうノートを、打ち合わせやビジネスの場に携えていくことが、どんなに心強くて、どんなに役に立つことか。

何年何月何日、○○新聞によるとこんな発表があった、こういうことがあった。それを自信をもって、正しい出典とともに示すことができれば、発言にどれほどの説得力をもたせることができるでしょうか。新聞から書き取った情報ノートは、それを可能にするまぎれもない、自分のデータベースです。

「そんなことが話題になっていましたね」、「こんな感じの数値でした」、「テレビのコメンテーターが言っていました」、その程度の発言では何も価値はありません。自分のロジックを認めてもらいたければ、具体的にもう一歩踏み込んだ議論をしなくてはならないのです。

自分で要点を書き取るという作業は、いわば、集めた情報をそのままではなく、自分の手で情報処理したものです。それをすぐに使える状態でもっているかどうか、この差は大きいのです。

情報処理とは情報整理のこと

自分の情報ノートをつくるときには、情報の取捨選択をするだけでなく、さらにこまかく検討を加えることもあります。たとえば、ある情報については、「これはどんなことなのかもう少し調べてみよう」、「すごく重要な気がするから、もっと深く調べてみよう」、「こういうふうに報道されているけど、本当はどうなっているのかな」などなど、さらに新しい情報収集のきっかけにするのです。これによって「最新の事実（かもしれない）の断片」の精度が少しだけ上がるのです。

さらに、一週間分の記事をまとめて見直してみると、最初に切り抜いた日に感じた以上に、多くのことがわかるものです。

つまり、いくつかのジャンルに情報を分類し、一週間分を袋に入れてあるので、そのジャンルの事柄の推移が具体的に見えてくるのです。情報の時間的な経過を確かめる作業を何度も繰り返すうちに、次第に似たような事柄について、自分なりの仮説が立てられるようになります。「次にはきっとこんなふうになるんだろうな」というのが見えてくるようになり、さらにそれは「五年後、一〇年後の社会はこうなる」というストーリーにも展開できるのです。

毎日集める情報から、仮説を立てられるようになる——これが僕流の情報処理です。

これは僕の友人が教えてくれたクイズですが、「人が、生まれてから死ぬまで、ずっとしているものは何でしょう?」。

その問いの答えは、「情報処理」です。子供も大人も、いろんなものを見て、いろんなことに出会い、そのなかでいつも情報を処理しているのです。一生のどの瞬間にも!

情報処理というと、必要なときに意識的にそれを行っているように思えますが、人は起きて活動している時間、つねに無意識に情報処理をしています。「これは怖い」、「これは好きなものだ」というのも立派な情報処理なのですから。

「これは覚えておこう、勉強になる」と心を動かされるのも、情報処理のひとつの結果。一生をかけて無意識に行っているこの情報処理を意識的に習慣づけてやってみよう、というのが、新聞記事を切り抜き、書き取ってつくる僕のノートです。だから僕のノートは僕のビジネスセンスを支えるものでもあるのです。

三次元情報――自分による自分のための自分の情報

けれども、じつは、こうして書き写した情報が正しいかどうかは、情報収集の時点ではわかりません。もとを正せば、新聞記事から集めてきた情報ですから、「正しいだろう」という程度の精度です。ノートに書き取る段階で、もう一度、しっかり自覚しておかなければならないことがあります。つまり、「だろう」からでも、僕たちは仮説を導き出せるということです。そしてそれこそが一番大切な情報なのです。

あるイギリス人経済学者によると、情報には三つの次元があると言われています。

一次元情報というのは、いわゆる、それ自体は意味をなさない、ファクトや数値的なデータです。「○月○日の気温は二九度です」、こういうものが一次元情報。

二次元情報とは、一次元情報を解釈した情報。「今日は気温二九度ですから、この時期としては暑い、初夏のような一日になるでしょう」といった、誰かしらの主観によって発せられるものです。新聞の論説やワイドショーのコメンテーター、ときにはその分野の専門家による解釈された情報です。一次元情報ではただのデータだったものが、二次元情報により、わかりやすく伝えられます。

三次元情報は、一次元情報とそこから生まれた二次元情報の差を疑って、本当かどうか確かめたうえで自分にインプットする情報のことです。たとえば、「今日の気温は二九度だった」、そして「この時期としては暑い初夏のような一日だった」というのが本当にそうであるのかを確かめてから、それこそ自分のセンスで言語化する情報です。

じつは、一次元情報を二次元情報が誤って解釈していることは、よくあることですし、それは最終的な答えではありません。一次元情報を解釈しようとすると、「世の中の人をパニックにさせないように」、「個人的な攻撃にならないように」など、さまざまなバイアスが加わるものです。

地震を予測するにしても、「〇年のうちに大地震が起こる可能性は〇〇パーセントだ」と言われる一方で、もっとやんわりと「あと〇年は、地震は来ませんよ」と言ってくれる人もいます。けれども、さまざまな予測と記録やデータを照らし合わせて判断すると、「どう考えても地震は来年、起こるにちがいない」と思わざるをえないことがあるものです。地震発生を例にとりましたが、数値的なデータと専門家のコメントとの両方を踏まえて、自分の考えで分析したものが三次元情報です。つまり一次元情報と二次元情報を検証し、自分の主観から発せられる仮説が三次元情報なのです。

僕はこの三次元情報を自分でもてるかどうかがとても大事だと思っています。「テレビが伝えていたことだから絶対正しい」というのも「新聞に出ていたから絶対正しい」というのもありえません。テレビにしても新聞にしても、そして書籍にしても誰かが教えてくれる情報にしても、それらには必ず引用元があるはずです。三次元情報を自分で生みだすためには、それを探しだす必要があります。

記事を切り抜く情報整理も同じです。大切だと思って書き取ったことは、必ず、それを確認します。「この情報はどこから来たのだろうか」、「この情報は誰が、何を見て書いたのだろうか」と。

その作業のために使うのがインターネットです。とくに、情報の根拠となっている一次元情報は、ほとんどの場合、ネットで見つけだすことができます。

情報の根拠を確認してみると、「僕はこうは解釈できない」ということがあります。それを踏まえて、新たな自分の仮説を立てます。「新聞に書いてあることとは違うけど、この数字の変動なら、一週間以内に東京で大地震が起こると思うな」などのように。これが三次元情報であり、僕にとっての正しい情報です。

つまり、こうです。情報というのは、じつは人に与えられるものではなくて、収集という経験を踏まえたうえで自分で考えて、自分でアウトプットするものなのです。

「わかる」ということは、探し、理解し、自分でアウトプットができるということです。

この作業を続けていれば、やがてさまざまなことに対して未来の仮説を立てられるようになります。「日本の医療制度はどうなるのかな?」、「若い人のニーズはこれからどうなるのかな?」など、関心を寄せているテーマのこれからについて、自分で仮説を立てられるようになるはずです。

一次元情報、二次元情報をつかんで、自分なりの正しい解釈ができれば、それには高い価値があるので、それを生みだすことが仕事になってしまうほどです。あなたのアウトプットを聞きたい、それを生かしたいから教えてほしい、という人がたくさん現れるでしょう。いわば、「価値のある自分」になれるわけですが、自分の価値が上がったわけではないのです。自分のセンスによるアウトプットが自分の価値をつくってくれるのです。

センスとは自分の生き方でもあり、信用を支える習慣でもあります。そうです、センスが何から生み出されるのかというと、自分がアウトプットしたものを大事に生かす習慣からでしょう。グローバルな時代のなかで、広い視点をもち、最新の情報を把握して、それを自分で分析できているか、ということなのです。そうすれば自然と未来は見えてくるのです。

3 仮説を立てる

情報の切り口を知る

価値観や定義は時代とともに移り変わっていくものです。言葉もそれと同じで、ついこのあいだまで使われていても、もはや用いられることもなく、死語になっているような言葉はたくさんあります。「偏差値」や「学歴」や「男・女」という言葉もそれに当たるかもしれません。

では、それを死語に追いやった新しい言葉は何だろう、新しい概念は何だろう？　それを再定義するとどうなるのだろう？——こんなふうに考えてみることが創造的な楽しさにつながると思います。

そんなふうに疑問を重ねることで、何がわかるのでしょうか？

その答えは、ある事柄をそう見せている「よほどの理由」です。

僕は日々、熱心に情報を収集したり、それを言語化したりしていますが、何のためにそれをしているのかというと、それは、その情報が出てくる理由や考え方を知るためなのです。じつは重要なのは、起きた事柄や発表される情報ではなくて、「なぜそれが起きているか」なのです。

知り合いのファンドマネージャーの話です。

彼は若くして引退してしまったのですが、現役時代には、つねに莫大な金額を預かって活躍していました。ファンドマネージャーですから、いろいろな企業の情報をあらゆる角度から集めます。このような仕事で一番重要とされているのは、公にはならず、人から人へと直接伝えられるインサイダー情報です。

まだ駆け出しのころ、彼はある企業について、まだ公になっていないある情報を教えてもらったそうです。会社に戻り、「じつは今日、○○さんと会って、こんなインサイダー情報を教えてもらったんですよ。この情報がニュースになったらみんな驚きますよ！」と勇んで上司に報告したところ、褒められるどころか、逆に叱られてしまったらしいのです。上司いわく、「インサイダー情報そのものが重要なのではない。大切なのは、その情報の切り口なんだよ」。たとえば、その会社はなぜ、そういうことをしようとしているのか。大切なのはその「なぜ」の答えに当たる切り口や背景や理由が重要なのだと言われたのです。

情報というものは、ある事柄の結果にすぎず、つまり終わっていることなのだ、とよく言われます。投資や資産運用にかかわっている人にとって、すでに終わってしまっていることなど、大きな情報価値はありません。だからこそ、いま実際に見えているその情報が重要なのではなく、なぜそうなったか、なぜそうしているのか、どうしたいのか、ということがポイントなのです。ファンドマネージャーとしてまだ日が浅かった彼は、上司に叱られて、目から鱗が落ちたといいます。

彼の上司が言った「切り口」こそが、ここでお話ししたい「よほどの理由」です。

インサイダー情報を得るために人と会って話を聞くのではなくて、何かの事業やプロジェクトや取り組みなどが、どういう「切り口」すなわちどういう「よほどの理由」のもとで行われているのかを理解することのほうが数段価値があると知って、それからの彼はファンドマネージャーとして大成功したそうです。

仮説を推理する

彼のこのエピソードは情報の一面をうまくとらえていると思います。情報を得て、一喜一憂するのではなく、その情報はすでに過去の結果であると自覚しながら、その情報がどういう切り口や理由によるものなのか、自分なりに推理し、確かめることに価値があるのです。

それは誰も言葉にしません。なぜなら、ある情報の切り口や理由は不完全な仮説にすぎず、情報にはならないからです。それは時間がたってから明らかになってくることで、「ああ、あのときのこの情報には、こういう理由があったのだ」となるのです。

つまり、情報を得たら、その「よほどの理由」が何であるかを考え、もう少し深いところに興味や関心をもつということが重要なのです。

たとえば、ある会社が決算時に発表している売上げや収益などの数字は、ある種のファクトであり、一次元情報です。もちろんそれは知っていて損ではないでしょう。けれども、それはファクトや数字のひとつでしかなくて、僕にとってはあまり面白いものではありません。経営上の数字を多く並べても、どうしてそうなっているのか、その「よほどの理由」を推しはかることができなければ、そこからは会社の状況、経営者の意図は見えてきません。けれども、こういう数字になっている背景が見えてくることで、将来のこの会社の像や方向性が見えてくるはずです。

少なくとも僕にとっては、そちらのほうに価値があります。「よほどの理由」を知ることで、自分が何をすればいいのかわかってくることもあります。そして「よほどの理由」を知るためには、自分がもっている情報に対して、くり返しいくつも疑問を投げかけることが欠かせないのです。

「よほどの理由」という、いわば「なぜそうなっているのか」などのようなことは情報になりません。なぜならそれは、人間の感情に近いものであり、だれにもわからないからです。懸命に探したとしても憶測以上のものは得られないのです。切り口や理由は、情報を集めて、それを解釈して、当事者意識になって自分で仮説を立てるしかありません。情報収集の次元で言うと、それは三次元情報の部分だからです。

情報がないところで解釈はできません。一次元、二次元の情報をつねに自分自身で収集し、疑問をもち、「よほどの理由」というその答えを推しはかり、想像力を働かせて未来予測という仮説を立てる。仮説を立てることは、情報収集を習慣にしていないとできないことですが、もしもできたら、鬼に金棒です。とはいえ、どんなことについても知ったつもりにならないという謙虚さが必要であることは言うまでもありません。

4 前向きでいる

変化に強い自分でいたい

社会が目まぐるしく移り変わっている今、その変化をどのように受け止めるか――これはとても大切な問題だと思うのですが、学校でも会社でも教えてはくれません。

たとえば、多くのことがオンライン上でできるようになっていますが、あなたは、それをどう受け止めていますか？　コロナの流行以降、とくにこの傾向は強くなっています。人と顔を突き合わせていなくても打ち合わせができる、店に行かなくても買い物ができる、病院での診察もオンラインでできるようになるなど、急速にコンタクトフリー（非接触）が進んでいますが、どう思っていますか？

それがどういうものであれ、世の中の変化についていける人間でありたいと僕は思います。

どんな変化にも強い人間でいたいのです。

時代の変化から取り残されると、知らず知らずのうちに心の免疫力まで落ちてしまうような気さえします。

どんなときでも現実を受け止めて、変化に前向きに対処する力をもっているということは、これから先の社会では、さらに必要になっていくと思えてなりません。

いろんなアングルから見る

世の中の変化ばかりではありません。忘れものや失くしものをするといった小さなアクシデントから大きな災難にいたるまで、生きていれば、マイナスなことはたくさん起きるものです。どんなことが起きても、それは、一見、困難なこと。一見、ショッキングなこと。「一見」であると、そう思いたいです。

未知の感染症が流行し、それによって不況がやってきて、さらに自然災害が追い討ちをかける。困難が多く続くと、人びとは意見を求めます。僕も意見を求められたひとりでした。

じつは、感染症の流行に関しても、とらえ方によっては良かったのではないかと思っています。こんなふうに言うと不謹慎に聞こえるかもしれませんが、世の中のさまざまなことがいっきに変わるまたとない機会なのですから、良いこととしてとらえたほうがいいのだろうと考えたのです。苦には思わず、逆に楽しもう、と。

「ああ、困ったな」と思うときは、たいてい物事をあるひとつの方向からしか見ていないものです。一方向からしか見ていないから苦しみに見えるけど、これをほかのアングルから見てみると、意外なくらい違って見えるものです。上から見ると「お先真っ暗」だけど、右側から見てみると「あれ、意外に面白そうだな」、左側から見ると「悪くないな」、下から見たら「まあまあじゃない」……というふうに、物事はアングルによって見え方が異なるということを知っているのも、センスだと思います。

マイナスをプラスに変える

日々、いいことも起きれば、そうでもないことも起きるのですが、よくないことが起きたときに、それとどう向き合うかはセンスそのものです。多面的に物事を見ることができれば、マイナスをプラスに変えることができますし、さらにそこに自分にとっての学びを見出すこともあるでしょう。

マイナスをプラスに変えられるというのは、そこには生きていくうえでの大きなチャンスがあるということです。チャンスとは、「棚からぼた餅」のように、偶然にやってくるものではありません。じつは自分がマイナスなことと向き合うことになってしまったときに姿を現すものなのです。いや、不幸なことが起きた、困難が起きた、苦しいことが起きた、いやなことが起きた、そのこと自体がチャンスだとも言えるのでしょう。

ところが、多くの人がこの事実を知らずにいます。そしてマイナスなことが起きたとき、ほとんどの人がどうやってそれから逃れようかと頭を使うのです。誰かに怒られたり、クレームが来たときに、「何て言って謝ろうか」と思うわけですね。あるいは大事《おおごと》にしないで済む方法を考えます。

叱責を受けたりクレームがついたなら、どうしたらこれを自分自身にとってのプラスにしていくことができるか、それを考えるべきなのです。それができれば、この出来事は大きなチャンスに変わります。

どんな人にも、自分の思うようにならないことは毎日起こります。ここで取り上げているマイナスとは、必ずしも交通事故や詐欺にあうなどの大事件に限りません。むしろ、そのような大きなマイナスなんてめったになくて、日ごろ僕たちを悩ませるのは、ちょっと困ったこと、思いどおりにならなくてストレスを感じること、そういうことです。そういうマイナスをプラスに変えていくのも意味のあるチャンスなのです。

大切なのは、起きていくことに対しての向き合い方です。そう考えると、チャンスはつねに自分の暮らしや仕事のなかにあふれているのがわかりますね。

ふだんの日々のなかにはプラスもマイナスもあり、そのすべてを学びとして受け取ることができれば、はじめて確実な一歩を踏み出し、成長していけるのです。

想像力を働かせる

マイナスをプラスに変えるために必要なもの、それも情報収集能力です。その情報から自分のマイナスについての仮説がつくってあれば、少なくとも起きたことは想定外ではありません。

あらかじめ、最良と最悪の仮説ができていれば、困難が起きても、アクシデントにあっても、つねにそれを強みにできる発想をもてるでしょう。これは想像力の問題ですね。

その仮説が現実になる確率が高いか低いかは、そのときどきでしょうが、自分の仕事、世の中とのかかわり方を誤れば、今の立場を失ってしまう可能性だってゼロではないというのも、情報収集とその分析の結果なのです。もちろん、そうならないように、やれることを精いっぱいしなければなりません。

つねに変化に強い人になる。マイナスをプラスへのチャンスにできる人、そういう人こそ、いてもらわなければと誰もが思う「必要とされる人」です。

5 クリエイティブな自分

AIができないこと

五〇代の女性の友人と話をしていたとき、「松浦さんが望む成功って何ですか？」と聞かれました。それをきっかけに思いをめぐらせてみると、今の僕のなかには、いわゆる一般的な「成功」「失敗」という言葉がないのがわかりました。

「成功」と「失敗」という言葉で、誰もが同じ価値観を共有できる時代は終わったのではないでしょうか。お金持ちになるのが成功、出世をして社会的に高い地位につくのが成功、知名度を得るのが成功、そのようなイメージにはもはや意味がないように感じますし、少なくとも今の僕は、そういう成功をほしいとは思っていません。

では今の僕は、自分に何を望むのか――それは、「自分がクリエイティブな人間であること」です。

どうしたらクリエイティブな人間になれるか、ということにこそ、これからの時代を賢く生きるカギがあります。


よく言われているように、テクノロジーの発達により、僕たちが行っていた作業の多くをＡＩ（人工知能）が肩代わりしてくれるようになりました。

今まで僕たちは、いかに近道を通り、無駄なく、スピーディーに物事を進めるか、という「効率」に価値を置いてきました。けれどもそういう作業は、今ではＡＩが、僕たち以上に速く確実にこなしてくれます。緻密な計算や手のかかる集計などは、コンピュータに任せればいいという時代になってきたのです。

では僕たちには、何が求められるのでしょうか。それはテクノロジーと肩を並べるような、近道や速さなどに象徴される「効率」とは別のことだと思います。「効率」はＡＩが解決してくれる、それならば僕たちは「ＡＩができないこと」を、探したほうがよさそうです。

そのひとつの答えがクリエイティブなことだと僕は思うのです。それではクリエイティブなものには、どのような特徴があるのでしょうか。

ここで別の方向から考えてみましょう。ＡＩがその選択肢として備えていないことは何でしょうか。キーワードを並べてみると、「ゆっくり」、「回り道する」、「余裕」、「無駄」、「ていねい」「時には止まってみる」……どれも「効率」から意図的に離れるような発想ですね。

ところで「ゆっくり」、「回り道する」、「余裕」、「無駄」、「ていねい」、「時には止まってみる」——改めて眺めてみると、これこそが本来人間のもっている豊かさであると思いませんか？　この方法でうまくいかなければ少し別の方法を試してみる、時にはじっくり考え、あえて時間や手間がかかる道に正解を見つける——そういう営みのなかにもクリエイティブな自分になるカギがあるのではないでしょうか。

達成に必要な三つの大切なこと

では、そのクリエイティブを支えるものは何でしょうか。

それは三つあると思います。

一つ目は、「すべてを自己決定すること」。これをやる、やらない。これが好き、嫌い。イエス、ノー。自分で意思決定することができる人間になることです。

二つ目に、「時間とお金の管理ができること」。他人ではなく自分自身で時間とお金のマネージメントができるというのは自己管理の基本です。

最後に、「工夫と発明にいそしむこと」。

この三つを、つねに自分で守り、実現できていること――それが僕にとっての成功であり、達成なのです。

自己決定にこだわる

テクノロジーが発達すると、いずれは人のマネージメントをAIがするようになると言われています。二〇四五年には、人間の知能を超えるコンピュータが登場するという説もあります。けれども、AIが自分をマネージメントするなんて、そんな悲しいことはありません。

たとえば、知りたいことがあるとき、すぐにスマートフォンで検索しませんか？　時間をかけて考えたり、よく調べれば自分で答えを見つけられることも、スマートフォンを使えばすぐに簡単にわかります。けれどもそれは、ある答えに行き着くようにコントロールされているとも言えるわけです。答えへの道を自分で見つけたのではなく、まるで「これが正しいですよ」、「ここがゴールですよ」と導かれているように思えます。

経済学者たちは、こういったことを「人間の家畜化」と称していますが、まさに、デジタル空間というケージに入れられ、答えという餌を与えられて、思考や行動をコントロールされることを通して、人間は簡単に社会の家畜になってしまうのです。

そうならないように、テクノロジーとはバランスの良い距離感を保ち、自分自身で意識的に自分という存在に価値をつけていく必要があります。まずは、時間がかかっても自分の力で考える。そのプロセスには必ず新たな発見もあるでしょう。そして自己決定のポジションに立ち、つねに自分で、自分の責任のもとで下す。考えることなく、自己決定のポジションを放棄すると、いつしか本当に「家畜」になってしまいかねません。

時間とお金の管理

どんなことをするにしても時間は必要ですし、必ずお金もかかります。時間とお金とは、たとえるなら車を走らせるガソリンのようなもので、何かをしようと思ったらどうしても必要なものなのです。

クリエイティブな自分でいたいなら、この時間とお金の管理は自分で行いたいものです。けっしてそれを他人にゆだねてしまってはならないと思っています。自分という車を自由に走らせたかったら、そのために必要なガソリンは自分で考えて手に入れなければなりません。

けれども時間とお金をみずから管理することは、なかなか手間のかかることです。時には特別な知識を必要とすることもあります。

たとえば、会社に出社して、「今日は、あなたはこれをしてください」と指示を得ることができたら、何も考えずにすぐに仕事を始められるでしょう。けれどもこれは最初から仕事における時間の使い方を手放しているのと等しいのです。

お金についても同じことが言えます。お金の使い方には本来、それぞれの考え方や価値観が強く表れるものですが、有名な経済評論家が言ったことだから、あるいは、テレビのワイドショーや新聞の記事に出ていたからなどの理由で、他の誰かの言うことに引きずられていませんか？

自分で時間やお金の管理をしなくてもよいようなアドバイスやサービスは、それを望む人も多いこともあり、それ自体がビジネスになっているくらいです。けれども、それらはみなある種の落とし穴のようなものだと思います。自分の予定を決めてもらう、あるいはお金の使い方を誰かに（他の人だったり、時には会社であることも）決めてもらうことは、僕の考えでは、もっとも残念なことのひとつです。

目先の損得を考えるだけではなく、今、ここで投資した時間とお金が、将来の自分にとってどれほどの利益となるか、もっと想像力を働かせて計算するべきなのです。これは、とてもクリエイティブなことではありませんか？

時間とお金の投資を人にゆだねながら、成功することはできません。少なくともクリエイティブな自分は保証されないでしょう。

工夫と発明を

自分の求める、三番目のものは、「工夫と発明にいそしむこと」です。もっと工夫したい、さらに良くしたい、ゼロから「1」を生み出したい、新しい発明をしたい……そう考えている自分の状態を大切にしたいと思います。

クリエイティブな自分でいたければ、成功体験にも思い入れすぎないようにしなければなりません。一度、大成功したことがあると、ついつい同じようにすればいいと考えてしまいがちです。また、マニュアルをつくることが足かせになることもあります。ルールを定めてしまうと、「ずっとそのやり方でいい」と考えがちです。これらはみな、クリエイティブな思考の保持を放棄していることだと思いませんか？

言うまでもありませんが、何か新しいことに挑戦しようとする場面で、誰かがやっているこれをモデルにしよう、というのもクリエイティブな思考の放棄です。

自分の頭や手を動かした情報収集がないところに、クリエイティブなことはありません。

情報を集めるだけでなく、それを自分で整理して仮説を立てるところまでができるようになって初めて、クリエイティブな思考が生まれるのです。

「僕にとって成功や失敗という言葉はない」というようなことを先ほど書きましたが、唯一、失敗に近いことを挙げるとしたら、それは「自分で考えずに、何かを決めてしまった経験」です。自分で考えずに、安易に見つけた他の誰かの方法で行ったことは、たとえ成果をあげたとしても、自分にとってよい経験とは言えません。

「すべてを自己決定すること」と「時間とお金の管理ができること」と「工夫と発明にいそしむこと」。

この三つを実現できていることが、僕にとっての達成です。今まで「成功」という言葉でイメージされてきた「お金を一億円貯める」とか、「豪華な生活をする」とか、「会社を大きくする」などということは、三つの達成による結果にすぎません。

自己決定ができて、時間とお金の管理をし、いつもクリエイティブな活動ができたうえで、結果的にお金持ちになるかもしれないし、多くの人の羨望の的になるかもしれない。成功と呼ばれるものは、僕にとって、それは三つの後からついてくるものなのです。

自己決定、時間とお金の管理、クリエイティブな思考の保持を手放したところに、楽しい仕事はないと思います。自分でイエスやノーが言えたり、時間の管理ができたり、いろんなアイデアを出せる自分でいられることは、何よりもしあわせなのです。

ここで、センスという言葉に立ち戻ると、いかに楽しめるか、いかに楽しむ方法を知っているか、ということがセンスのいい人の条件になると思います。

けれども「楽しむ」ということは、簡単そうで、じつはむずかしいことなのです。「仕事を楽しもう」――わかってはいますが、簡単にはできません。実際に仕事の場面では「つらい」とか「めんどうくさい」とか「納得できない」ことが山ほどあるからです。それを乗り越えて、「楽しむ」のはとてもむずかしいことです。けれども「楽しむ」ためにも、ここで述べた三つの達成がヒントになるのではないでしょうか。

△という生き方

最後に、僕がなぜ、「成功」と「失敗」という言葉を望まないのか、その理由を、違う角度からお話ししておきましょう。

じつは「成功」と「失敗」の中間には、「どちらでもない」というのがあるのです。○でも×でもない、あえて言えば△というわけですが、世の中には、「まあまあ」で、良くも悪くもないことがたくさんあるものです。その△はあいまいなので、誰もそこに価値を見つけていないのです。そもそも「あいまい」なのですから、そうなりがちなのです。

けれども、僕は○とか×にこだわらないで、ときには△という結果、もしくはそういう生き方もいいだろうと思っています。この△の生き方については、鎌田實さんが『がんばらない』などの本で語っていますので、関心のある方はぜひ、読んでみてください。僕は鎌田さんの考え方を支持していて、「まあまあ」、「どちらでもない」という価値に自分を置いておくことがよいときもあり、それもひとつのセンスだろうと思っています。

6 習慣が未来をつくる

すぐにできることは少ない

どんなことでもそうですが、すぐに上手にできる……そういうことはあまりありません。たいていは、自由自在にできるようになるまでにそれなりの時間や手間がかかります。

情報収集の技術を例にとれば、僕の場合、関連書を何冊も読みましたし、何人もの人にアドバイスを求めたりしました。さらに、それを自分でやってみて……と試行錯誤し、一番しっくりする方法にたどりついたのです。

僕は毎朝、一時間をかけて一〇キロのマラソンを走っていますが、それも同じです。毎日一〇キロを走り続けるのは、日ごろ運動をしていない人にはおそらく無理でしょう。走ることができる身体になるまでに、たいてい三年程度はかかりますから。どんなトレーニングをするのがいいのか、故障をしたらどう対処するか、そんなことを少しずつ身につけながら、一〇キロを毎朝走ることができるようになっていくのです。

要は、情報収集の技術も、一〇キロのマラソンも、一日一日の積み重ねの賜物なのです。一日一日が一週間になり、それがひと月になり、やがて一年になる。

「今日が未来につながっている」からこそ、大切なことは習慣にしなければならないのです。今日という一日は、ただの今日ではありません。今日の自分が何年後かの自分になるのです。一歩一歩を積み重ねると、やがて山頂に立つことができるのと同じです。

だから、「明日からにしよう」とか、「しばらくはいいや」とか、「いつかやろう」とのんびり構えていると、いつまでたってもあなたは変わりません。今日が自分の未来をつくるのですから、すぐにでもその一歩を始めるべきなのです。

「今日という日が未来の自分をつくっている」、このことを、僕自身も忘れないようにしています。情報収集やマラソンについてばかりではありません。これは自分の仕事においても、暮らし方においても、忘れてはいけないことです。

過去の自分が今の自分をつくっている

今、僕は心身ともに健康です。それは誰のおかげでしょうか？

答えは過去の自分。過去の自分が、健康にすごせるように何かをしていたからです。過去に何をどんなふうに食べていたか、どんな生活習慣ですごしていたか、何をどんなふうに学んでいたか、ということが、今になって現れているのです。

今日一日、体によくない食べ物をできるだけ避けて、食べ過ぎに注意すれば、それは必ず一年後の自分の健康になって現れます。今の自分のコンディションがよいのだとしたら、それは、一年前の自分、あるいは過去の自分のおかげなのです。

今日何を考える、今日何を食べる、今日何を感じる、今日何を学ぶ、今日という一日をどんなふうにすごすのか、それが、必ず自分の未来に続いているのです。未来の自分とは、五年かけて目標を達成している自分かもしれませんし、一〇キロ走れるようになっている自分かもしれませんし、情報収集に精を出している自分かもしれませんし、心も身体も健康な自分かもしれません。

いわば自己投資というこの考え方は、頭でわかっていたとしても、なかなか身につくものではありません。

では逆に考えてみましょう。もしも、今日のあなたが、運動不足で身体の調子が悪かったり、どうしたらいいのかわからないほどの孤独感に襲われていたりしたら？

そうです！　それは、過去の自分がそうさせているのかもしれません。それなら、今日からすぐに未来のための何かをはじめるべきです。

習慣にしよう

つまり、大切なのはこうです。

自分が身につけたいことは習慣にするしかない。

どんなに一生懸命取り組んでも、身につけるためには相応の時間が必要です。

自分が変わりたければ、まずは一日でも早くスタート地点に立たなければ、実現できません。もしも、日々、続けていくことができれば、必ず三年目くらいから急にあなたは変わってくるはずです。

習慣にするということは、つまり「長期的な視点」をもつ、ということです。

僕にとって、添加物の少ない、新鮮な食材で手づくりしたおいしい食事が大切なのは、それが「気分がいい」からではありません。そういう食事が、未来の健康な自分の身体をつくってくれるからです。

本を読むのは、時間つぶしの楽しみのためではありません。豊かな想像力や的確な判断をするための知識をもっている未来の自分のためなのです。

もしも今の自分はなりたい自分となぜか違う、あなたがそう感じているなら、必要なのはこの「長期的な視点」だと思います。

もしも僕が三〇代ならば、必要な情報を集め、できるだけ健康に気を配る、新しい生活スタイルをすぐに習慣化しはじめるでしょう。三〇代のうちに仕事や健康に必要な基本的なスタイルが習慣化できていれば、未来が明るくなるはずです。五〇代の僕にはそれがよくわかります。

昨日も今日も明日も、僕が行っていることは、長期的な視点の先にある、僕自身の未来のための自己投資なのです。

カンパニー・メンバー

7

カンパニー（仲間）をつくる

会社のなかのあなた、チームのなかのあなた、あるいは家族のなかのあなた、あなたは周囲の人たちや社会から求められる存在でしょうか？

自分のもっているものや能力で、まわりにいるみんなに応えていきたいという意識は、最近とくに高まっていると実感します。「ギブ&テイク」よりも、いくらでも惜しみなく与える「ギブ&ギブ」に近い考え方こそ、今の時代にはフィットしているように思います。誰もが「支え合う」、「思いやりをもつ」、このような意識ですごすことができれば、すてきです。

それと同時に、さまざまな局面で能力が求められたとき、それに対して、期待されている以上のことで応えていくことができると、問題が解決されるだけでなく、さらに自分の存在理由が高まります。

自分が人を必要とし、相手も自分を必要としてくれる——こういう関係を求めることは健全ですし、コミュニケーションの基本だと思います。

それでは、どのようにすれば期待以上のことで相手に応えていくことができるでしょうか。

人の期待に応えなければならない場面になったとき、若いころの僕だったら、自分ひとりの力で何とかしなければと考えたと思います。日本人に限って言えば、僕だけでなく、仕事に人を巻きこむのに抵抗がある人は多いようで、助けを求めて人に頼ることが苦手なように思います。

けれども最近の僕が身にしみて感じているのは、自分ひとりの能力または生産性なんてたいしたことがない、ということなのです。たとえ、どんなに才能豊かで、センスがよく、多くを経験している人であっても、その能力はたかだかひとり分のもの。それを使って、想像力を働かせたり、何かを生み出そうとすることは、じつは予想以上に大変なことです。

今の僕は、ひとりの人間の経験値や頭脳にこだわりをもたず、むしろ、自分を中心とした「カンパニー（仲間）」をつくっておくことで、期待に応えればよいと考えています。そのほうがより質の高いクリエイティビティを発揮することができるだろう、と。

すべてのジャンルについて自分ひとりで情報を収集し、発信したり、物づくりをしていくのは不可能です。

それならば、そのジャンルにおける専門家や成功体験のある人たちにブレーンとして力を貸してもらえる、ふだんからいつでもそれができる関係を築いておけばいいと思うのです。仕事においても、趣味のジャンルにおいても、専門家はたくさんいますから、わからないことやできないことはその人たちの力を気軽に借りることができる人間関係。それができればとてもいいでしょう。

ブレーン、すなわち、自分の外の頭脳として僕の力になってくれる人たちと関係を築き、いつでもカンパニー・メンバーとして教えを受けることができる――必要なときには頼ることができる人がいるということは、とても大切だと思います。

世の中はたえず変化していきますし、そのスピードは今後もますます速くなっていきそうです。仕事の進め方や内容も、これからはどんなふうに変わっていくのかわかりません。企業の異業種への転身はもはや日常茶飯事ですし、自分の職種にも新しい仕事がどんどん加わることでしょう。

ひとりの能力では対応しきれなくて困ったときは、気軽に質問を投げかければ、すぐに最善の方法や選択肢をアドバイスしてくれる、そんな頼りになるブレーンが自分のまわりに揃っていたら、どんなに力強いことでしょうか。

そもそもアドバイスを求める際の感覚は、「教えてほしい」というものではありません。むしろ「助けてほしい」という感じに近いのではないでしょうか。その切実さが伝われば、「よし、助けてあげよう」という思いが湧いてきますし、喜んで、一番いい情報やアドバイスを贈りたくなるものです。

自分に力を貸してくれるブレーンたちを通して、つねに自分にとっての新しい事実、新しい情報が、自然と集まってくるようにしておければ、その人たちは、ほかの何ものにも代えがたい強い味方になってくれます。

人間同士の情報とインターネットの情報

「インターネットさえあれば、ブレーンなんて必要ない」という人もいるでしょう。その人たちに僕は言いたい。「けれども、インターネット上には最新の事実はありませんよ」と。

インターネットを使えば新しい事実や情報がすぐに手に入ると思っているか、一対一の人間同士のコミュニケーションによる情報のほうがリアルで速いと思っているか、この違いはじつは大きいものです。たしかにインターネットは簡単ですし、気遣いもいりません。けれどもそこで正しい事実を見つけるのは想像以上に困難で、時間がかかります。

僕はクラシックカーが趣味なのですが、大先輩から車選びについて相談を受けました。その先輩は、この車を探しているのですが、クラシックカーなので整備についても不安があるし、どのくらいの予算で、どこで、何を買ったらよいかわからない、と迷っているそうです。この大先輩は僕にとってのブレーンであると同時に、彼は僕をブレーンにしているのです。

相談を受けた僕は、彼に応えたいがために、僕のクラシックカーについてのカンパニー・メンバーから情報を集めることにしました。「○○○○という車について知りたい」と相談すると、一瞬のうちに、あらゆる方面から有力情報がやってきます。その車について、先輩に答えるために知っておくべき最新の情報を、カンパニーのメンバーが教えてくれるのです。たくさんの確かな情報のなかから、「これだ」というものを選び、さらに直接自分でその情報について確認をしたのち、それを僕は先輩にアドバイスしました。

これにかかった時間は二日間。僕はたった二日で、あるクラシックカーについての最新でもっともクオリティの高い情報を得て、先輩に提供できたのです。

たぶん、この情報をインターネットで手に入れようと思ったら、二日以上の時間がかかると思います。とても専門的なことですから、ひょっとしたら、同じレベルの情報は得ることはできないかもしれません。それが僕にできたのはカンパニー・メンバーがいたからです。

情報や知識を使う（アウトプット）ためには、自分のなかにそれを貯えて（インプット）おかなければなりません。日ごろから情報を収集したり、知識をふやしておく必要があるのですが、それだけでなく、街を歩いたり、ギャラリーや美術館を訪れたり、書店や専門店に行ったり、人と話したり（これはとくに大切です）、一見関係なさそうなそんなことでも十分にインプットをふやすことができます。

アウトプットとインプットのバランスがうまく取れていればいいのですが、忙しくなればなるほど、そのバランスは崩れてきます。忙しいということは、アウトプットだけが増えるためです。

アウトプットが多すぎると、自分のなかの情報や知識は減っていく一方です。余裕があれば自分で新たに情報や知識を探してインプットをふやしたいけれども、忙しいとその時間もとれなくなるでしょう。

自分で情報や知識のインプットができないとき、自分の代わりにそれをインプットし、自分のためにアウトプットしてくれる仲間、つまりカンパニー・メンバーが必要なのです。そのようなブレーンを自分のもとに集めておくためには、その人たちと欠かさずにコミュニケーションをもっているのが一番です。

カバーしきれない情報をフォローしてもらう

この「カンパニー・メンバー」という考え方を、僕はある企業のトップの方から学びました。その会社には、経営トップの下に「メンバー」と名指しされている人たちが数名います。このメンバーは活躍中のデザイナーであったり、建築家であったり、クリエイティブディレクターであったりする方々ですが、彼らがその会社の理念を正しい道へ導いていると言っても過言ではありません。つまりこのメンバーは経営者の頭脳と精神の一部を担っているのです。

この企業のトップは非常にすぐれた経営者で、人格的にもすばらしい方です。もちろんご自身のフィールドで日ごろから情報を収集されているでしょう。けれども、どんなにすぐれていたとしても、ひとりの人間ですから、カバーしきれないジャンルが出てきます。さらに、会社の規模が大きければ大きいほど、そして業務が多岐に及んでいればいるほど、当然ながらひとりの情報収集能力ではカバーしきれない部分が出てきます。

そこでこの会社では、定期的にメンバーを集めて、ブレーンストーミングのようなスタイルで、情報を提供してもらうのだそうです。召集されたメンバーは、みなあるジャンルの専門家ですから、それぞれ自分ならではの三次元情報を携えて集まります。

そして、この専門家たちが世界的なデザインの動向や、アートやカルチャーなどの分野で今、知っておくべき正しい事実や情報を、定期的に企業のトップにインプットしていくのです。

専門的な知識は専門家にお願いするというこのやり方は、とても役に立っているようです。大企業の経営者にとって何よりも大切なのは、一歩先を行き、世の中に遅れをとらないことでしょう。「じつはここまで世界水準は進んでいるのに、自分はそれを知らなかった」、「あるべき姿から逸脱している」ということを、彼らはもっとも恐れているのです。企業のトップとして知っておくべき情報や知識のなかには、カバーするのがむずかしいジャンルもありますから、それを理解しておきたければ人の手を借りるしかない、そういう背景から「メンバー」制度は生まれました。

そういうやり方で自分のインプットをふやすことができると知ったときに、僕は、自分にもブレーンが必要だと思いました。そして、僕自身が、その専門家の人たちのブレーンとして役に立つことができれば、お互いによいカンパニーになれると考えました。

この関係は、必要なときだけやりとりするようなものではなく、むしろ生涯にわたっての人間関係に近いものです。自分が必要なときだけ質問に答えてもらうというご都合主義では、関係を長続きさせるのは無理です。また、このメンバーとのやりとりには、まったくお金は発生しません。だからこそ、ふだんからコミュニケーションを絶やさないようにしています。互いにブレーンになり合うわけですから、もちろん自分のほうにも、得意な分野、好きな分野があったほうがいいですね。アート、スポーツ、アンティーク、映画、車、医療、法律……なんでもいいと思います。

昔から「医者と弁護士は身内にいるといい」と言いますよね。その考え方がまさにカンパニー・メンバーの考え方で、いつでも軽く相談にのってもらえる専門的な知識をもっているブレーンの存在はありふれたものですが、それを意識的につくっておこうというものです。

メンバーになってもらうには

たいていの場合、未知の人との人間関係は、予約した時間に相手のもとを訪れるという、ありふれた面会からはじまります。いわば、クライアントとして時間を取ってもらうのですが、僕はどんな人と会っていても、よい人間関係をつくっていければいいなと考えながら、相手の方の人柄や能力を注意深く見ています。

たとえば、目の前にすぐれた人格と信頼できる専門知識のもち主がいたとしましょう。その人がお医者さんであれば、最初は僕はひとりの患者として面会をするのですが、その最中にも、医者である彼にとって必要なことや、今知りたいことは何だろう、足りていないことは何だろう、と考えています。優秀な医者だとしても、完璧な人ではありませんから、この人が今ほしいものは何だろうといつも探して、彼が必要だと思うことをどんどん提供していきたいと思うのです。

最初は軽い世間話のようなやり取りをします。ちょっとした会話のはしばしで、この人は車が好きだな、アートが好きだな、スポーツが好きだな、というのはわかってきますから、僕が提供できる話をするように心がけます。最近話題になった展覧会の感想や、スポーツ選手の近況など、さまざまな話をしていると、それに対していい反応が返ってくることがあるのです。そうしたら、次の面会にはそのジャンルの話題を用意していきます。そのくり返しで関係は次第に深まっていくのです。

お金を払っているクライアントなのだから自分が質問を受けていればいい、とは思いません。面談の時間を設定してもらったのですから、今日は僕が先生の聞きたい話を聞かせてあげたい、と考えているのです。

このようにすると、いつしかお金を介在させない新しい関係性が生まれます。

僕は今、遺伝子医療の専門医と定期的に面会しています。それは健康のために遺伝子について学んでおきたいと考えたからなのですが、定期的に顔を合わせていると、自分の状態について話をするだけにとどまらず、たとえば、「どんな遺伝子の傾向がある人がコロナにかかりやすく、重症化しやすいのかについての論文が出ました」などという話題を聞くことができるようになりました。こんな話は新聞で報道されるようなものではありませんので、僕には貴重なインプットです。

このように、相手のことを考えていつも話題を用意するのは、「ギブ」のチャンスだと思います。関係を築くきっかけは、自分からつくっていかなければなりません。

今日はあの人に何を話してあげようかな——それは大切な人を訪ねるときにもっていくお土産みたいなものです。手土産と同様に、どんな話題をプレゼントしたら相手が喜ぶかなと想像力を働かせる「ギブ」の考えに基づいているのです。

このようなやりとりが重なると、自然とこちらが何かを聞いても教えてくれるようになります。面会の約束をしていなくてもやり取りができるようになれば、知りたいことをいつでも教えてもらえるような関係ができてくるのですが、こんなに心強いことはありません。

ブレーンは自分と異なる人がいい

カンパニー・メンバーである僕のブレーンたちが、僕自身と似ているキャラクターやライフスタイルの人かというと、それは違っていて多種多様な人がいます。見た目も雰囲気も、価値観もまったく異なるのです。

むしろそれは自然なことで、自分と同じ価値観や趣味の人とのコミュニケーションだけでは、得られることには広がりがなくなるでしょう。

これからの世の中では、自分とは異なる職種や年齢の人たち、自分と別の世界に暮らしている人たち、自分とは真逆の価値観をもつ人たちと、どのようにして深くつながっていくかが大切になってきます。

ブレーンは友達とは違うのです。ある種のビジネスパートナーに近いのです。もちろんブレーンであり友達でもある、という人もいますが、多くの場合、ブレーンである人の家族や経歴や暮らしぶりについて、僕はほとんど知りません。知っているのは、この人はこのジャンルにとても詳しいということだけ。でもそれだけで十分なのです。同じ価値観などは必要ありません。

面識のない人と関係をつくる

日々、定期的に面会する人とのコミュニケーションのとり方はすでにお話ししましたが、まったく面識のなかった人と関係を築き、情報交換ができるようになるのは、それよりも少しむずかしいかもしれません。けれども工夫すれば、それはとても価値のある出会いになります。

まず自分が関心をもっているジャンル、新しいことを知っておきたいジャンルのなかから、誰の話を聞きたいのかを探します。要するに自分より詳しい人を探すのです。

話を聞いてみたい人が見つかったなら、次に手紙を書きます。その人の研究や成果のどこに興味があるのか、自分は何を教えてもらいたいのかなど、相手に自分の気持ちを伝えるのです。

そして実際に、アポイントメントを取り、会いに行けばいいのです。

知り合いになるためには、それだけで十分です。

もしも勉強会などが開かれ、話を聞きにいく機会があったなら、参加して、その場であいさつをして関係を深めていくのもいいですね。

おそらく相手は大喜びしてくれると思います。専門的なことは、たいていマニアックなことですから、興味をもってくれて、話を聞かせてほしいと言われたら、悪い気持ちはしないでしょう。

僕は今、植物全般のことにも興味があります。本や雑誌を読んだり、インターネットを見たりしていると、どんな世界にも「この人はずばぬけてすごい」と驚くような人がいるものですが、植物のジャンルでもそれは同じです。そういう人を見つけると、僕は手紙を書いて会いに行きます。話を聞かせてください、と。

何かに発表したいから、とか、仕事に生かしたいから、という理由で会いにいくのではありません。自分が強く関心をもっていて、勉強しはじめているので、三〇分でいいからお話を聞かせてください、とストレートにお願いします。

「あるクラシックカーについて」や「現代アートのある作家について」などのように、さらに絞り込まれたジャンルの専門家を訪ねていくこともあります。どんなジャンルにもびっくりするくらい詳しい人がいて、その人たちはびっくりするくらい広い世界と深くつながっています。

たとえば、僕には今、ほしい腕時計があるのですが、世界中、どこを探しても見つけることができないとしましょう。そういう腕時計を、その人に相談したら、あっというまにいくつも揃えることができる、それくらいすごい人がいます。誰もできないようなことを、彼は「自分が声をかけたら、ディーラーがいくらでももってきますよ」と涼しい顔をして言うのですが、その人は、腕時計は趣味にしているだけで、仕事にしてはいないのです。そんな人がじつはすごい人なのです。

自分が知ることができない、決して手が届かないと思っていることはいくらでもありますが、それを簡単に、軽々とやりのける人、そういう人を探し出して、話を聞きに訪ねていくといいと思います。

大切なのは、自分が関心をもちつづけることができるジャンルを見つけて、その知識や情報をどうやって伸ばしていくかです。いわば自分のライフワークになるのですから、仕事とは根本的に異なります。実際に、会うのは半年に一回、三カ月に一回程度になるかもしれませんが、一度でも関係性を築くことができれば、それからは気軽にやりとりできると思います。

僕が植物に関心をもっていることはお話ししましたが、植物のことでアドバイスをもらっているブレーンには、日ごろから「今日、花が咲いた」などと、育てている植物の写真を送っています。ちょっとした挨拶のようなものですが、相手は返信するかたちで知っているいろいろなことを教えてくれたりします。こういう積み重ねで人間関係ができあがってくるのです。

違った目線から見える世界

先日、二〇代のデザイナーが僕を訪ねてきました。センスがよく優秀で、求められるものが多くあるようです。けれども経験が浅く、自分の知識やセンスだけではなかなか乗り越えられないことがある——そこで、自分のデザインのリテラシーを上げるためには、何を参考にしたらいいのでしょうか？　何をフォローすればいいのですか？　と聞きにやってきたのです。

僕は、知っておくべきデザインカンパニーの潮流として、「スタンフォード dスクール」、「フロッグデザイン（frog design）」、「アイディオ（IDEO）」、まず取りかかりとして、この三つのクライアントワークを知ることをアドバイスしました。また、彼らのアウトプットからは学べるものがあるだろう、と。彼にとっては、「dスクール」も「frog design」も「IDEO」も初めて耳にした情報のようでした。しかも同じデザインの世界にいるのに、自分とあまりに違うレベルの思考とクライアントワークをしているので、びっくりしたようです。自分は詳しいと思っていたジャンルにも、もっと高いレベルの未知の世界がたくさんある、ということを、彼のブレーンとしての僕が助言できたエピソードです。

この三つのデザインカンパニーは、僕が自分で見つけたものかというと、じつは、そうではないのです。「デザインフォームコンサルタントという新しいビジネスが生まれている」とカンパニー・メンバーから教わったものでした。

その新しいビジネススタイルに触れたことで、その若いデザイナーは開眼したと思います。自分の知らないレベルの社会貢献を見つけたのですから。それを見て刺激を受けて、自分のアウトプットがいかに未熟で、いかにレベルが低かったかということを知るわけです。目線の違う世界を知るということは何よりも大切なことです。

自分をもっと高めるために、どうしたらいいのだろうと悩むことはよくあります。文章を書くために何かを読んで勉強したいと思っても、何を読んだらいいのかわからない――よくあることです。読むべきものがあまりにも多いという悩みもあるでしょう。ベストセラーを読めばいいというわけでもありません。ともかく、質の高いレベルの作品をまず一冊読むのがいいのでしょうが、それを自分で見つけるのはむずかしいことです。そこで、誰かが教えてあげないといけないのだと思います。

そして、「教えてくれる誰か」というのは、高いレベルでの成功を収めたことがある人のほうがいいのです。成功したことがある人は、そうでない人と比べて、目線が高いところにあるものです。そして、そういう高い目の位置からしか、見通すことができないものがあるのです。

何かに成功している人は必ずいいものを知っています。なぜなら、成功しているからなのです。何事かに成功していないと、いいものを見つけることができるレベルの高い目線になれないということです。

標高一〇〇〇メートルの山の頂きで、ここから見る景色が一番きれいだと多くの人が言っているかもしれない。けれども、世界を見渡すと八〇〇〇メートル級の山まである、というのに似ています。世界には八〇〇〇メートルの山の頂きから見た景色を知っている、そのくらい成功している人たちがいるのです。

八〇〇〇メートルの山の頂きからの景色は、一〇〇〇メートルの山の頂きから見る景色とは、まったく違うでしょう。

今、自分が見ている景色の目線を上げていくこと、少なくとも、それを自分で求めないといけませんし、自分の見ている世界、自分の知っている世界だけではなくて、もっと上の上の上の世界があるのだ、ということを意識していないと、そこに行くことはできません。「ここまでできたから満足」と思ったら、もうその時点で成長は止まってしまいます。それ以上のレベルには無関心だなんて、こんなに残念なことがあるでしょうか。

誤解がないように付け加えておくと、もっといいものを手に入れよう、ということではありません。もっと高いレベルには、自分の知らないものがある、知らない世界がもっともっとたくさんある、いつかそれを知り、未知の世界にもっと近づきたい、という気持ちのことを言っているのです。何に対しても、知ったつもりにならず、そういう気持ちをもちつづけることが大切なのです。

自分ひとりの能力なんて限りがあるものです。なかなか高い目の位置から見る景色にはたどり着けないので、ときには人の能力を、きっかけとして借りるのが良いときもあるのです。けれども、何に自分が詳しくなりたいのか、それをよく考えることは自分ひとりの作業です。それは誰かが教えてくれることではありません。

これ、どう思う?

互いに互いをカンパニー・メンバーにする——人の頭脳や能力を借りることは、けっして悪いことではありません。

人を頼ることがなかなかできずに、自力で解決しようとして考えてしまいがちですが、欧米の人たちは、そういうのが得意で、「あなたの意見をくれない？」という言葉で、軽く声をかけます。とても上手な頼み方ですね。

「いいよ、なになに？」

「これ、どう思う？　こういうこと知りたいのだけど」

と気軽な感じで会話が始まります。

仕事に行き詰まると、何をどうしたらいいのか、自分でわからなくなるときがあります。そういうときは、人の頭を借りることをします。こういうテーマで何かをまとめなければならないのだけれど、何もアイデアを思いつかないので、ちょっとアイデアを一緒に考えてくれませんか、とお願いするのです。そうすると、相手は、「ああ、私だったら、こんなふうに考える」、「こんな思いつきがある」と教えてくれます。

自分ひとりで解決しなければならないという考えには、僕はまったく賛成できません。そんな無理をする必要はないのです。

情報を集めて、自分なりにこれから先のいくつもの仮説を立てますが、それは確かではありません。「これから先がどうなるのか、考えると不安になる」と発信したとき、それに対してアドバイスしてくれる人がいたのは、非常にうれしいことで、安心もできました。アドバイスをくれる人たちが、さまざまなジャンルのプロフェッショナルなら、なおさら心強いことでしょう。

問題を解決しなければ、とたったひとりで困難を抱えこんでいる必要はありません。そんなことをしていると不安ばかりが大きくなって、そのうち押しつぶされてしまうこともあるでしょう。日ごろからあなたのまわりにカンパニー・メンバーを意識的につくっておくことが、あなた自身をもっと大きくしてくれるのです。

8 本や映画

詳しくなるべきベーシック

「これに詳しくなる！」——それを見つけることができたら、自分のなかの大きな進歩でしょう。

ちょっと変わったマニアックなことに詳しくなるのも悪くはないのですが、詳しくなるべきことのベーシックというのはあると思います。勉強における国語と算数のようなベーシックは、「何に詳しくなりたいか」にもあると思うのです。

いくつかあるベーシックのうち、仕事においてもっとも大切なものは、「人の感情」だと僕は思っています。「人の感情に詳しくなる」というのは、たとえば、「雨が降りそうな梅雨の肌寒い日には、みんなどんな気持ちでいるのか」——そういうことです。こういうことにこそ、もっとも詳しくなるべきなのです。ほかの例をあげるなら、「コロナが収束しそうでしない、そういう世の中で、今日のみんなは何を思うのか」。これに詳しくなることができればすばらしいことです。

八百屋さんでも、肉屋さんでも、会社員でも、販売員でも、アルバイトの人でも、人の感情に詳しくなることができれば、何をすべきかがわかり、必ず成功するでしょう。

そのくらい人の感情に詳しくなることは、大切なことです。

人の感情に詳しくなるために、好奇心は欠かせません。では、好奇心をもつためには、どうしたらよいのでしょうか？　まず最初に、つねに疑問をもつことです。

「今日はみんなどんな気分なのかな？」、「買い物したい気分なのかな？」、そうだとしたら、「何を買いたいのかな？」。あるいは反対に、「家から一歩も出たくなくて、頭が痛い感じなのかな？」などなど想像力を働かせることです。

その疑問の答えを自分で考えることが大事なのは言うまでもありませんが、それと同時に専門家として助言してくれる人も必要です。つまり、これがブレーンですね。

また、「今日みんなどんな気分なんでしょうかね？」と聞いてみるのもいいかもしれません。うっとうしい日が続く梅雨時でしたら、「今日、ちょっときつくないですか、いかがですか？」などと。

ときどき僕は知り合いの心療内科の医師にも聞いてみます。すると、「いつまでもじめじめと雨が降り続けている肌寒い今日のような日は要注意ですよ」と教えてくれます。「みんな、どうしても気分が落ちこんで、イライラしていますから」と。人の感情を左右するのは、お天気ばかりではありません。世間を騒がせる事件が起きているから心がざわついている、ということもあります。心療内科の医師の返事に対して、「やっぱりそうですよね」と思えれば、なんとなく今日のみんなの気分を知ることができたことになります。

人の感情に詳しくなるために必要なもの

今まで試みたことがないアイデアを出すことができる、あるいは、人の役に立つ方法を考えることができるなど、仕事の場において、僕たちはつねに創造をくり返すクリエイティブな人間でいたいですね。けれども、世の中の人たちはどうしたら喜んでくれるかを考えようとしても、自分自身だけの知恵や感性だけではどうしても限界があるのです。

そのために、ほかの人の話をたくさん聞いたり、ひんぱんにブレーンとコミュニケーションを取るなどの情報の交換はもちろん大切ですが、それでもまだ足りません。

ではどうしたら、人の感情や気分にもっと詳しくなれるのでしょうか？

人の感情に詳しくなるために必要なもの――それは、たくさんの本を読み、たくさんの映画を観ることではないでしょうか。本や映画だけでなく、時にはアートに触れたり、テレビを楽しむのもよいでしょう。

本には知らない世界がたくさん書かれています。歴史でも伝記でも物語でも。「人ってこんなふうになるんだ」、「こんな考え方もあるんだ」、「こんな経験や、こんな価値観もあるんだ」……本はブレーン以上に多くを教えてくれるものです。もちろん、本に描かれる世界や登場人物の経験は、今の僕たちのそれと大きく異なる場合も多いでしょう。それでも、時代や国や地域、立場などを超えて、普遍的に人がもつ感情や価値観について深く教えてくれるのです。

世の中には、自分のパターン、自分が知っているパターン以外の感情や価値観がたくさんあるのは言うまでもありません。もしもそれを知りたかったら、たくさんの本や映画などに触れることで吸収すればいいと思います。自分の想像を超えるようなさまざまな事柄や感情や考え方を「知らない」で済ませてしまうのは、想像力を最初からあきらめてしまうようなものです。

今の時代はオンライン上でも映画やドラマをたくさん見ることができます。暇つぶしで観るのではなく、自分とは違う価値観や人生を学ぶために観ればいいと思います。

必ずメモを取る

さらに付け加えるなら、本を読んだり、映画を観たりしているとき、心が動いたところでかならずメモを取ることです。

僕は海外ドラマなどをよく観ていますが、その時にも、必ず手もとにメモ帳と鉛筆は欠かせません。セリフや印象的なシーンを忘れないうちに書き取るのです。

映画やドラマを観るときに限らず、日々、見聞きしたこと、体験したことで、心が動いたときには、必ずメモを取ります。何に心が動いたか、なぜ心が動いたかを書き取って残すのです。

もっと具体的に言えば、自分の感情のなかで、これは忘れたくないな、と思うことをすぐに記録しておくのです。

映画やドラマを観るにしても、本を読むにしても、自分の時間を費やすのですから自己投資と意識して、どんなことも無駄づかいをせずに、それに対してのある種の成果があってほしいと思います。自分が観たり読んだりしているものに、価値を発見したいのです。

自分の心が動いたここのシーンには、人間の本質や弱さや強さがある、その本質を見極めたい――そう思って観ていると、映画やドラマ、本やアートに、その手がかりになるものがたくさん登場するのです。とはいうものの、それは自分の心のなかに、ふっと湧いて、ふっと消えていってしまうのです。「あれ?! さっき大事なことに気づいた気がするんだけど……でも忘れちゃったな」と。

そこで、すぐにメモとして書きとめておくようになりました。それは、自分の微妙な感情の動きを記録しておくということなのかもしれません。

たとえば、カーテンがふわっと動いたシーンを目にして、「ぞくっ!」としたことがあります。そこにはセリフもなかったのですが、でも僕はカーテンがふわっと動いたときにぞくっと心が動いた。とくにこういうことは記録しておかないとすぐに忘れてしまうのです。

ですから、僕のメモには断片的な記述が多いです。その断片的なメモをあとから読み直して、自分自身で考え、洞察を加えます。それこそが自分の分析です。いわば、メモで得られた「点」を、自分の洞察で「線」にしていくのです。

断片的なことを書き記したメモを分析することで、「この物語が言わんとするところが理解できた」、「伝えたいこと、本質がわかった」ということはよくあることです。でもそれは、自分だけの作業で、そこには誰も立ち入ることができません。

そしてその過程で得られたことは、まぎれもない自分の発明であり、発見です。ですから、その「発明」も情報から得られた仮説と同じようにアウトプットし、人に与えることができます。

ただ、メモを取り、分析を加えるこの作業は、世間の常識や忖度から離れて行う、とても個人的で内面的な営みです。別の言い方をするなら、飾りのない素の気持ちで世の中のことに関心をもって行うことです。

そこで掬いとった事柄が自分以外の人や世界とどのように感情的につながっていくか、本や映画などを通せば、わかってくるということです。

9 聞き方の技術

正しく質問ができていますか？

「この人はセンスがいい」と感じさせる人はみな、ささいなことにも興味をもち、疑問を抱かずにはいられないようです。「それはなぜだろう？」、「これは本当かな？」、「もっといい方法があるのではないかな？」、「自分は間違えていないかな？」、というふうに。

僕はひそかに、「疑問をもつ」癖がセンスを鍛えるのではないかな、と考えています。

「これは何ですか？」

「ペンです」

まるで初心者向けの英会話のようなやりとりですね。何かに対して疑問をもったとき、「これは何？」と一回聞くだけでは、おそらく欲しい答えは返ってきません。せいぜい、「それはペンですよ」という程度ではないでしょうか。英会話ではなく、日常的な会話でも、同じようなレベルで会話をしていることが多いのではないでしょうか。「これは何ですか?」と問いかけても、なかなかあなたが本当に知りたかったこと、つまり大事なことを答えてくれる人はいません。

そこでもう一度、質問を重ねて、たとえば「なぜ、これは必要なのでしょうか?」と聞いたとしましょう。そうすると今度は、「それは、文字を書くために必要なのですよ」と言う答えが返ってくるかもしれません。二度目の答えのほうが、「これはペンです」ということよりも、ずっと重要ですよね。

けれども、さらにもう一度、「なぜ、文字を書くのですか?」と聞いてほしいのです。今度は、「記録したいことがあるんですよ」という返事があるかもしれません。

「これは、何ですか?」と聞いただけでは、答えるほうも、「人は、いろいろなことを考えたり、見たり、聞いたりしても、すぐに忘れてしまうので、書き留めたいと思うのですよ。これはそのとき使うのです」とは言わないのです。ここまでの答えを得たければ、少なくとも三回程度は質問を重ねる必要があるのです。

大切なのは、興味をもってそこまで聞くかどうかです。

たいていの人は、英語で言うと「What」つまり「何」という程度のことしか質問しないものです。ですから「What is this ?」という質問に対して、「This is a pen.」という程度のやり取りで終わってしまうのでしょう。そして、うっかりすると、質問した本人もそれで満足してしまいます。日常的なやりとりは、とかくその程度になりがちです。

けれども、ほんとうは「でも、なぜペンが必要なのですか？」、「ペンは何のために存在しているのですか？」ということまで聞くことが、とても大切なことなのです。

そこまで質問できるかどうかは、質問をするあなた次第なのです。

どんな質問をするにしても、重要なのは、「What」ではなく「Why」です。「何」ではなくて「なぜ」を三回聞くことです。

「これは何ですか？」よりも、「これはなぜ必要なのか」のほうが重要ですし、事柄の理由や切り口を尋ねる「どうしたいから必要なのか」はさらに重要です。

「What is this ?」に限らず、困っている誰かと向き合うときにも、まったく同じことが言えます。本質的な答えは、何事においてもそう簡単には浮かび上がらないのです。

聞き上手な人の知恵

企業で責任のある立場にいる方の多くが聞き上手です。ほかの人よりもより高い情報収集能力をもっている彼らですが、自分に教えてもらうときや何かを確認したいときには、徹底して「教えてほしい」という切実な態度で話を聞いてきます。じつは自分はよく知っている、そんなそぶりは露ほども見せません。彼らが、一から教えてくださいという姿勢で人の話に耳を傾けるのは、自分の知識や情報をひけらかすことが、人とのコミュニケーションのなかでマイナスにしかならないことをよく知っているからです。

そういう人たちの口癖は、みんな同じです。「ぜひ、教えてください」。そうして人を質問攻めにして、二次元情報を集め、物事の本質が何かを確かめるのです。

さて、すでに「Why」を三度重ねて質問する大切さをお話ししましたが、聞き上手な人たちのなかでも、とくに定評のある経営者の方から、何かを教えてもらうときのコツを伺ったことがあります。

その方のコツも同様に、「なぜ?」を三回聞け、というものでした。

なぜ、僕が質問のコツを尋ねたかというと、その方は、スタッフや部下のマネージメントがとても上手だからです。職場では、うまくいく人もうまくいかない人もいて、ときには「辞めたいのですが……」という相談を受けることもある。「そんな時にはどのように対応するんですか?」と伺ったのです。

「すみません、会社、辞めたいと思うんですけど……」と言う人がいたら、まず「何があったの？　聞かせて」と尋ねるのだそうです。そうすると、いろいろと話が出てきます。たとえば「会社でうまくいかないし、上司とも仲良くできない。それがつらくて……」というようなことが答えとして出てくるわけですね。

それを聞き終わったら、「そうなんだね。でもそれって、なぜかな？」とまた尋ねるのだそうです。そうすると、最初よりも少し深いところから、語ってくれるそうです。

それを聞いたら、もう一度、さらに「そうなんだ。たいへんだね。努力していたんだね。それで、もう少し聞かせて？」とまたまた尋ねるのだそうです。本当にそうしてやりとりを重ねると、三度目にようやく本音が出てくるというのです。

それをすべて聞いてあげて、「ああ、それが原因だったんだ。じゃあ、僕はこんなふうに変えてみるけど、もしかしたら、多少は状況がよくなるかもしれないから、もうちょっと頑張ってみない？」と返す。

くり返し「どうして？」と尋ねて、三度目に出てきた答えは、たいていは本音であったり、聞く側にとって本質的に知りたいことであったり、重要な問題点であったりすることが多いのだそうです。

さらに、問題を抱えていた当人も誰かに伝えられたことで、元気を取り戻すことも多いそうです。「告白できた」という安堵感がそうさせるのでしょう。

「どうして?」、「どうして?」、それでもう一度「どうして?」、そのひとつひとつにていねいに耳を傾けて、それでようやく隠れていた事実が出てくる。あせらず時間をかけること。

これが、人から話を聞くときの基本なのですね。人から話を聞くのも情報収集のひとつです。

聞き方にも技術があるのです。

10

信用を育てたければ

コミュニケーションは愛情表現

なぜ僕たちは、人とのコミュニケーションを大切にするのでしょうか？
それは、本来コミュニケーションとは相手に対する愛情表現だからではないでしょうか。何かを伝達したり、共有や分かち合いをしながらも、自分が相手に抱いている愛情や敬意を表現したいからではないかと思うのです。

何かをしてあげる、あるいは、何かをしてもらう——それは根底に相手への愛情があって、はじめて成り立つものです。

もちろん、相手と自分が同じように物事をとらえているわけではありませんし、人間ですから、微妙に気持ちがすれ違うこともあります。けれども、基本的にコミュニケーションとは、相手に自分の愛情を伝えることである——このことを忘れずにいたいですね。

「相手と競い合う」というのは、もはや今の時代の感性に合わなくなってきていると思います。どちらが上でどちらが下であるとか、かけ引きをしたり、相手を批判したり否定したり、というのはけっして生産的ではありません。

くり返して言いますが、「ギブ&テイク」はもう古い、これからは「ギブ&ギブ」です。何とか助けてあげよう、何とかサポートできないか、そういう意識のほうが、これからの社会、そして今の僕たちをしあわせにしてくれるように思います。今までは、自分がおいしいものや、おしゃれな服や、いい暮らしを手に入れることでしあわせな気分になれましたが、最近は、ちょっと違ってきているようです。

「自分は何を与えられるのか」のように、何ごとかに対しての心意気や姿勢、自分がどのようなアクションをとるかが問われる時代です。クラウドファンディングが広がっているのも、その証拠でしょう。

別の見方をすると、それはプライドや自己主張、ある種の誇りというものが、たいして必要でなくなったということだと思います。つまりパワーゲームの時代は終わったのではないでしょうか。

今は、誰もが弱者であるという意識をもたなければならない時代です。
そんな弱い僕たちが人に与えられるものは何でしょうか?

未来のための救急箱

これは究極のたとえ話ですが、万が一、仕事や事業で失敗する、災害に遭うなどで、一文無しになって困ったとき、だれの顔が頭に浮かびますか?

自分がほんとうに困ったとき、たとえばいったいどのくらいのお金を誰に援助してもらえるでしょうか。銀行からの借り入れではなくて、個人的にお金で助けを求めた場合に、です。

あの人、この人にお願いすれば、使う目的は聞かずに貸してくれる……そういう友人や知人がいる、と思い浮かべるだけで、安心して暮らしていけますよね。このとき、あなたの頭に浮かんでいる人たちは、あなたを信用してくれている人たちです。この人たちの顔を思い浮かべると、心が奮い立って、たとえ失意の底にいても、チャレンジをする力が湧いてきます。思いきり仕事をしたとして、たとえ一文無しになるような大失敗をしたとしても、お願いしたら自分にいくばくかのお金を援助してくれる人がいるという、この関係性は大きな安心につながります。貸してくれるお金以上に価値のあるものだと思います。

当たり前のことですが、信頼や信用こそ「お金以上に価値のあるもの」なのです。

このように考えると、信頼や信用とは未来のための救急箱のようなものではないでしょうか。困っている自分にみんなが貸してくれているのは、僕が次に向けて力いっぱい何かに取り組むために必要な救急箱なのだと思います。いざというときには、それを集められるような自分でいたいですね。

そして僕も、いつでも救急箱を人に与える、しかも惜しみなく与える、その準備はできています。その救急箱のなかに入っているのが、お金なのか、知識なのか、情報なのかは場合によって異なるでしょうが、何とかサポートしてあげようという気持ちは同じです。くり返しますが、どちらが強者、どちらが成功者――それはもう昔の価値観です。「何とかサポートしよう」、自分がそういう意識をもっていると思うと、気持ちがとても楽になりますし、なんだか楽しくなってきませんか？

つねに自分が社会から、どのくらい信用されているのか、日々、たしかめてみましょう。たとえば、友人や知人に何かを質問したとき、自分が思っていた以上に、たくさんの人から答えが寄せられたとしたら、「僕はみんなから信用されているんだな」と思えますよね。

逆に、誰も何も教えてくれなかったら、「ああ、僕はまだ信用ないな」ということがわかります。けれども、落ち込む必要はありません。「またゼロから信用を築いていこう」と思えばいいだけのことですから。

信用とはそういうものです。今はなくてもつくっていくことができるものなのです。

問題は愛情不足なところで起きる

信用を育てたければ、自分がかかわっている人たち——家族、友人、同僚、近所の人たち、同じ趣味の人たちなど——に日々、自分からの愛情不足が発生していないか、いつも注意を払っておかなければなりません。

なぜなら、愛情不足が起きているところに、つねに問題は起きるからです。

世界情勢を見れば一目瞭然でしょう。中国とアメリカがまさにそうです。人間関係も同じです。愛情不足のところに問題は起きているわけですから、そこに自分が手を差し伸べれば信頼を育てることもできるし、問題も減ってくるのではないでしょうか。

世界の問題は、何とかしたいと思ってもなかなか手が届かないでしょうが、せめて自分の身のまわりの人間関係で愛情不足が生じているところは、いつも気にかけてあげましょう。手が届かないところを自分の「ギブ」で埋めることができれば、一番いいですね。

つまるところ、愛情不足をさがせるというのは、思いやりという人の気持ちがわかるということです。前にも触れたとおり、人の感情に詳しくなるということは、すべての仕事における鉄則でもあります。

それを見つけられる自分でいたいですね。そう考えると、愛情不足を発見するというのは、大きなチャンスだとも言えそうです。世の中を見まわしてみると、「ここのこれは愛情不足だな」と思うことはたくさんあります。どうしたらそれを自分のギブで埋めることができるのかを考えられれば、未来が変わりそうです。

身のまわりの愛情不足を探してみよう

たとえば、引き出しのなかやカバンのなかや部屋のどこかが散らかった状態になっていませんか？　それは物理的なことへの愛情不足です。僕はそう思います。

テレビの後ろがほこりだらけになっていませんか？　これも愛情不足ではないでしょうか。もしもそうなら、すぐに掃除をしてあげればいいでしょう。見えているところはきれいでも、見えないところが行き届いていないのは、すべて愛情不足です。

見えないところを見つけて、手をかけてあげる——意外に見えていないところの愛情不足は身のまわりにたくさんあります。つまりそれは、思いやるというチャンスはあちらこちらにいっぱい眠っているということですね。

いつも好奇心をもって物事を見ることを大事にしていかなければなりません。逆に言うと、健康管理もそうですし、自分の身のまわりを整えるというのも、ほんの少しでも愛情不足を減らしていくということです。

世の中にある愛情不足という「不足」しているジグソーパズルのピースを、ひとつでもたくさん埋めてあげることができれば、みんなにとって一番いいのではないでしょうか。

11 マネージメント

あなたは人に仕事を任せられますか?

「自分」と「まわりの人」、「わかりやすさ」と「精密さ」、「仕事」と「プライベート」、何においてもバランスをとるのは大切なことです。なかでもとくにバランス感覚が問われるのは、仕事の場面でマネージメントを任されたときではないでしょうか。

少しキャリアを積むと、たいていリーダーとして一緒に働くメンバーのマネージングも任されるようになります。

いわば自分の部下ができるわけですが、そうなると、プレイヤーである自分とマネージメントをする自分とに分けて、バランスをとっていかなければなりません。両者がうやむやになっていては、仕事はけっしてうまく行かないでしょう。ふたつがそれぞれ独立し、上手にバランスがとれていれば、おのずと仕事もうまく行くものです。

プレイヤーであるというのは、その名のとおり、自分個人の行動です。個人のポテンシャルで、自分がアクションを起こして進める仕事です。

一方、マネージメントは、チームに与えられた目標を達成できるようにメンバーひとりひとりを管理する仕事です。実際には、「時間の管理」、「予算の管理」、「仕事の振り分け」、「個人の能力開発」、「意思決定」、「健康管理」がその内容です。

なかでも「仕事の振り分け」は、いわば仕事の分担のことですが、自身が優秀であればあるほど、これを苦手とする人は多いようです。優秀な人ほど、人に仕事を任せられません。なぜなら、任せないほうが楽だからです。

ほかのメンバーに仕事を任せると、必然的に自分にはそれをマネージメントする仕事が生まれます。「任せる」というのは、「やっておいてください」と仕事を押し付けるのとは違います。成果が出るように導かなければなりませんし、時には教育しなければならないこともあります。マネージメントをマネージメントすることも必要である一方、「ホウレンソウ（報告・連絡・相談）」もしっかり受け止めなければなりません。

マネージメントの仕事をするようになると、今まで自分自身が主体的に使っていたプレイヤーとしての時間を、人の仕事のために割かなければならなくなります。それは当然のことですが、想像以上に手間がかかりますし、どうしても自分が損しているような気持ちになるものです。

けれども、もしも仕事でさらに大きな成果をあげたいと考えているなら、マネージメントの仕事ほど大切にしたほうがいいのです。自分ひとりが達成できる成果は、どんなにがんばっても一〇〇パーセントで、それ以上にはなりません。けれども、二人、三人、五人で取り組み、きちんとした結果が出せれば、時間がかかってもその成果は二〇〇パーセント、三〇〇パーセント、五〇〇パーセントとスケールアップするでしょう。だからこそ、あせらず時間をかけて、上手に指導し、寄り添いながら人に仕事を任せられるのは、とても大切なことなのです。

そうは言うものの、自分のなかでプレイヤーとしての時間とマネージメントとしての時間のバランスをとるのは意外にむずかしいものです。

かつての僕も、人に任せるよりも、自分の手を動かすほうが早いし楽だと考えていました。今では、その考え方は間違っていると自信をもって言えますし、人に任せたほうが最終的に楽なばかりか、自分が人のために時間を割いたとしても、結局、それによって自分の時間がふえることを知っています。

当時、人に仕事を任せられなかった若い僕が、みんなで進める仕事をどのように考えていたかを思い出してみました。

まず、人に何かを教えるのは、言ってみれば損をすることだと思っていました。できれば教えたくないし、ひとり勝ちしたい、だから手の内は見せたくない、と。その裏には、自分よりいい結果を出されるのが怖いとか、人の成功がうれしくないという感情もありました。それによって、自分の仕事を取られるかもしれないという不安、さらに、自分がやったほうがうまくいくという奢りもあったに違いありません。

ある程度、仕事ができるようになると、やがてどんなにひとり勝ちをしても意味がないと感じるようになります。ひとりで抱え込んでいることには限界があることを知るようになりますし、それは愚かなことだと思い知らされるのです。仕事に限らず、何においてもそうですが、自分ひとりで行っているかぎりでは、その成果はひとり分以上にはならないのです。何ごとも助け合い、支え合うべきなのです。スーパーマンのように人並み外れた力をもっている人はいません。自分は人とは違うと思っている人は、すぐれているつもりになっているだけのことなのです。

けれども、すぐれたチームや組織化された集団をつくることができれば、まったく違う大きなスケールの結果を生み出すことが可能になります。

自分のための時間と人のための時間

「暮しの手帖」編集部で、僕は初めて組織で物事に取り組むことを経験しました。編集長だった僕はまず、自分の時間（プレイヤーとして自分の仕事をする時間）とまわりの編集部員との時間（マネージメントをする時間）を完全に分けました。そのうえで一日二時間、最低でも二時間は、編集部員との時間に費やすと決めたのです。

具体的には、毎日、必ず編集部員全員と一対一で話す時間をつくりました。それは五分でもいいし、三分でもいいのですが、必ずひとりひとりと話すことにしていました。

それは結果としては、自分にとっても、編集部員にとっても、とてもいいことになりました。仮に、その日に何も話さなかった編集部員は、「今日は会社で仕事をしていたのに、一日中、一度も松浦さんと話さなかった」と思ってくれるようになります。それは僕と話したいわけではなくて、何か不安なこと、直接伝えたいこと、言葉で伝えたいことがあったのではないか、と改めて確認するきっかけになるのです。

組織を束ねている人は、各メンバーにさまざまな仕事を振り分けますが、マネージメントの仕事だけは人に任せられません。

また、仕事を任せられる人と任せにくい人がいるということも、知っておくべきことです。

いつも成長の機会をさがしている前向きな人や、責任を負える人あるいは負う覚悟をもっている人、困難にぶつかったときに何とか工夫をして乗り越えようとする人、そういう人には安心して仕事を任せられます。

人によって、得意と不得意があることを知っているのも大切です。適材適所のチームをつくれればメンバーはみな気持ちよく働けます。

そういうさまざまなことを見極めながら個人の能力を開発し、つねに寄り添いながら人に仕事を任せていくというのが、マネージメントの仕事の醍醐味だと思います。

人に任せるとき、とくに注意していたことがあります。当然のことですが、ミスや失敗が自分がその仕事を行うよりも多く起きます。それでも絶対に人を責めない、怒らない、僕はこれを鉄則にしていました。その職場でミスや失敗などの問題が起きたなら、それはマネージメントをした自分の責任である、そう思ったほうがいいのです。失敗を見逃すということではなくて、必ず原因を明らかにして、「次からこうしましょう」と言うに止め、相手に機嫌悪く接することはしないように気をつけていました。

チームづくりの極意

さらに、僕がチームづくりをしていくうえで、一番大切だと考えて、心を砕いてきたことは、できるだけ細かく、具体的に仕事の指示をするということです。

けっして抽象的に指示しないようにしていました。「そこまで言われなくてもわかります」というところまでくわしく説明しました。仕事を振り分けたら、「やり方は自由に」なんていうことは絶対に言いません。

任された本人からすると余計だと思えるくらい細かく指示をしました。そのときやりすぎだと思われていたとしても、センチ、ミリ単位で指示をするということが、自分にとっても相手にとっても結果的に一番よかったのだと今でも思います。絵を描いたり、図にしたり、仕事の進め方を理解してもらえるように工夫をしたのはもちろんのこと、その仕事がなぜ必要なのか、ということをしっかり説明しました。細かく具体的に指示をすると、時間がかかります。実際に、指示をするだけなのに二時間ほどの時間を費やしたこともありました。

そこまで細かく仕事を説明する人はあまりいないようです。たいていの人は詳しく説明することが相手のプライドを傷つける、と遠慮してしまうようです。「それは常識ですよ」と。

たとえば封筒に宛名を書くときには、相手の名前は真ん中に書くのですよ、切手は封筒の左上に貼るのですよ、住所や宛名はペンで書くのですよ、筆圧は強くしすぎないほうがいいですよ、封を開けやすいように糊はこのくらい塗るんですよ、そこまで細かく指示するようにしていました。

コピーを取るときに、書類が曲がっていたり、ゴミがついていたりしても、とにかくコピーが取れていればいいと考える人もいますが、それは、きちんと指示を受けていなかったからだと思います。

コピーを取る前に、まずはガラス面をクリーナーできれいにふいてから。原稿が斜めにならないようによく見て、と指示することがじつはとても大切です。

こういうことをきちんとしておくと、何を大切にしたらいいのか、組織のメンバーとのあいだで仕事のクオリティについて目線合わせができてきます。「こういうことって大事なのだな」、「こういうことを言ってくれてうれしいな」ということを全員が共有できるのです。

仕事の段取りは、きちんと説明しないと意外なくらいできないものです。

では、細かすぎるくらいていねいに説明をすると、職場では何が起きるのでしょうか？最初に僕から教わった人もいずれ必ず、誰かに仕事を任せる機会がやってきます。そのとき、その人も自分が教わったのと同じように人に教えるようになるのです。

つまり人に任せるときていねいに仕事内容を説明するのは、作業の仕方を教えるだけでなく、未来のその人に向けて教え方も教えているのです。こういう方法でやるといいよ、と。

結果が出やすい仕事、重要な仕事を選んで、任せるというのも大事です。そういう仕事は、自分が行ってしまいがちです。自分でも、行いやすくて結果が出せる仕事をしたいですし、誰にでも成果を欲するところがありますから。けれども結果が出やすい仕事や大事な仕事は、どんどん人に任せていったほうがいい、といつも思います。

こういう流れができてくると、みんなで取り組む仕事は楽しいと思えるようになります。コツとしては、細かく、どんな小さなことも教えていく。そして見守る。そうするとみんなどんどん成長していきます。成長してくれれば、さらに大きな成果が生まれますし、さらに自分も違う仕事ができるようになるのです。

よく組織づくりのビジネス用語として「チームビルディング」という言葉を使いますが、マネージメントの仕事をするようになったら、強制的に人を動かすのではなくて、仕事が楽しいという気持ちを共有しながら働いてもらうにはどうしたらいいのかを、早いうちに学んでおいたほうがいいと思います。そして最後にもっとも大切なこと、それは平等に接することです。

12 食について

食を大切にしていますか？

二四時間仕事のことばかり考えていても楽しいと思えるくらい僕は仕事好きですが、頭から仕事が抜ける時間がまったくないというのはアンバランスに思えます。そんな僕でも、唯一、身体も頭も仕事から離れられる時間があるのです。それは何をしているときかというと、食事の時間です。

食事をしているときだけは、仕事のことは考えません。ですから僕にとって食事の時間とは、仕事からもっとも離れている大切な時間なのです。

どんな状況であっても、食事をしている最中だけはいやなことを忘れられるとは、よく言われることですが、まさにそのとおりです。たとえそれが短い時間であっても、食事をしている時間だけは、さまざまなことから解き放たれて、自分が無になれるとでも言うのでしょうか。

そう考えると、朝・昼・晩という三食は、かけがえのない貴重な時間に思えます。あなたは十分な時間をとって食事をしていますか？　僕は、夜は一時間半から二時間、昼も一時間程度、朝も一時間、全部を合わせると三時間半くらい。料理を味わい、楽しく食事をしようとしたら、そのくらいの時間がかかるので、早起きしたりと、少々がんばってでもその時間を捻出しようと思っています。

食事中には仕事のことを考えないと言っておきながら、一方で矛盾しているようですが、食事をする時間も結果としては仕事の役に立っているものです。

日々の仕事のパフォーマンスを高く保つためには、心身のコンディションを自分自身で管理していかなければならない、これは僕の大きな課題でもあるからです。そのためにどんなものを、どのように食べるのかは重大事なのです。ある意味では、食もひとつの仕事と言えるでしょう。

食事のことを真剣に考えるか、考えないか、それだけで人生は大きく変わるのではないでしょうか。少なくとも僕はそう信じています。

「今日は少し疲れている」、「よく眠れたからやる気に満ちている」などと体調は日々少しずつ異なりますから、自分のコンディションと相談しながら、今日必要だと思えるものを食べましょう。食事とは空腹を満たすためのものではなくて、ましてや太るためのものでもなく、自分の体を養うためのものなのです。別の言葉で言えば、三度の食事を「えさ」にしてはいけないのです。

さらに、体によいものをバランスよく食べることで、病を遠ざけ、生命を養うことができるという「医食同源」というすばらしい思想もあります。

その言葉のとおり、食べれば食べるほど自分の体だけでなく心も満たされる食事をとる。そのためには、どんなものを、どんなやり方で、どのくらい食べればいいのでしょうか？それをいつも考えていると人生が変わりそうです。

小腹がすいたからとりあえず何かをお腹に入れておこう、むしゃくしゃするから刺激のあるものを口に入れたい、それでは自分で自分の体を壊しているのと同じです。食べれば食べるほど、太っていき、不健康になってしまう食事の例です。

もっとも贅沢な食事とは、ゆっくりと時間をかけて、それが何であるかがよくわかっているものを、感謝しながら楽しく食べることです。

僕たちのまわりには、それがどこでつくられたものか、材料が何であるのかわからないような食品がたくさんあります。信頼できる食品を探すことも、食を大切にする取り組みのひとつです。体によくないと思えるものは、なるべく避けて、できれば愛情をこめて手づくりされたものを選べるといいですね。

未来を考えて食べよう

前にも述べたように、今日という日は、明日、明後日、そして未来へとつみ重なっていきます。何年かのちには、自分はしあわせになっていたい――そう考えるのであれば、今日という一日をどうするか、けっしておろそかにはできません。

未来の自分のために今日からすぐにはじめたい習慣にはさまざまなものがありますが、食事もそのひとつです。何年かのちの自分像を想像すると、「一日くらいなら、こんなものを食べていいだろう」というその気持ちが、自分の未来をこわしているとわかるでしょう。五年後、一〇年後の自分を考えながら、どんなものを食べるのがいいのか、しっかり考え、自分に合ったよいものを選ぶのが大切です。つねに自分の食生活を客観的に見て、改善できることはすぐに改善したほうがいいのです。

今日のことばかりを考えていればいいわけではありません。今日のために今日やるべきこともありますが、未来のために種をまくこと、水をやることはもっとたくさんあるのですから、そういうこともしなければなりません。センスのいい人は、いつも未来のことを考えていると思います。

遺伝子が教えてくれること

すべての人におすすめできるというわけではないのですが、僕は自分のもつすべての遺伝子を調べる検査をしてみました。この検査では、自分の身体は何が得意で何が苦手か、そんなことも詳しくレポートされます。

とくに興味深いと思ったのは、僕には子供のころから苦手にしていた食材があるのですが、なぜ自分がその食材を避けていたのかも遺伝子は教えてくれたことです。その食材を避けていたのには理由があり、食の好みは遺伝子が僕に出しているサインなのです。「これは食べないほうがいい」と。食の好みもまた、じつは遺伝子と深くかかわっているのです。

感情や性格にも遺伝子は関連しています。DNAのかたちがあるタイプのものだと、その人はイライラしやすい、感情的に爆発しやすい、がまんすることができないという傾向があるそうです。

遺伝子検査では、そのような傾向も遺伝子の特徴としてレポートされます。それを専門医が見て、「あなたはこういう遺伝子でつくられているから、これを多めに食べましょう」とか、「これは食べないほうがいいですよ」などと指導してくれるのです。それを聞くと、何となく好きでよく食べるものと、なぜか手が伸びないものがあるのにも納得できます。

食材というのは、意外なくらい自分のメンタルにかかわるものであることを知ったのも、遺伝子検査によってです。「疲れやすい」、「眠くなってしまう」、「イライラする」などの心の傾向には、食生活が関連しているものがあるそうです。たとえば、脂っこい食品や酸化した食品は心身によい影響を与えないというのは、すでに医学的には根拠のある常識です。

食材が人の生いたちや性格、さらにはメンタルにかかわることを知った今、食はますます強く僕の興味の対象になっています。

これからの未来では、今まで以上に社会に大きな変化が起きるのは言うまでもありません。自然災害、政治状況、経済的な変化、ウイルスの脅威……、不条理なことを不条理なまま受け止めなければならないこともありそうです。そんな未来の社会で自分がどのように生きていくのか、それはメンタル面の強さにかかわってきます。つねにチャレンジをつづけていたければ、食べることへの配慮は、自分でできるメンタル面の管理のひとつです。それも欠かせない管理のひとつです。

まずは生活のなかのインスタント食品を見直すところから始めるのも、いいのではないでしょうか。もちろんインスタント食品を一概に責めることはできませんが、そこに何が入っているのかわからないものに対しては、注意をしたほうがよさそうです。

もうひとつ目安にすればいいと思うのは、砂糖と塩のとり方です。どちらも、たいして多くとる必要はないのです。砂糖と塩にかぎらず、調味料には注意が必要で、過剰にとらないほうがいいのです。調味料のとりすぎで健康を損なうことがありますが、体調ばかりでなくメンタルにも強く影響します。

おいしさとは何か

食について知れば知るほど、「おいしさは与えられるものではない」と実感します。では、おいしさとは何なのでしょうか。それは、「自分で探し当てるもの」なのです。

ひと口食べてみて、すぐに味がわかるものとは、「おいしい」ものではないと思います。たいていの場合、口に入れて、すぐに感じる味わいというのは、その食材の本来の味ではなくて、調味料の味であることが多いのです。スナック菓子を想像してみてください。口に入れたときのあのおいしさは、香辛料を含んだ塩気、甘さ、辛さであり、それは調味料の味なのです。実際に素材そのものの味わいをどのくらい感じているのかは疑問です。それでも僕たちはスナック菓子をおいしいと感じるのです。

この例ひとつとっても、ひと口目で味がわかるものには、注意したほうがいいとわかるでしょう。

味わいというのは、口に入れて、よく噛んで、香りをかいで、自分の力で見つけていくものです。「これは、何の味なのだろう」と探り当てるものです。食べ物を口に含んで、自分で見つけていった味わいこそが、滋味と言えるのではないでしょうか。

「お肉のうまみってこういう味なんだな」、「にんじんの甘さっていうのはこういう味なんだな」というのを自分の舌で探していく、それを見つけた喜びというのが「おいしさ」なのです。

ですから僕は口に入れてすぐに味がわかるものは、できるだけ食べないことにしています。口に入れたとたんに「おいしい」と言っているものの味は、たいてい本当のおいしさではなくて、それが何味なのかがわかったということだけなのでしょう。調味料の味を「おいしい」と勘違いしているだけだろうと思うのです。本当のおいしさは、そんな簡単なものではなく、五感を総動員し、自分から努力して探して、見つけるものなのです。

だからこそ、「食育」というのは、大切なことだと思います。子供時代の食はとても重要なもので、化学調味料の味わいが強いものを食べつづけると、その味の濃さが自分のおいしさの基準になってしまいます。大人になってもその基準は残り、味の濃いものでなければ満足できなくなると言います。

今、自分が食べているものは何なのか、それぞれが興味をもって、もっと深く知るべきです。深く考えもせずに、味のはっきりしたものばかりを食べてしまうのは、じつはとても怖いことです。けれども現代の食生活では、そういう食品が何と多いことでしょう。食べ物のことをよく知り、意識的に取り入れると、仕事のパフォーマンスも自然とよくなるはずです。

13
リスクの管理

チャレンジとギャンブル

何をするにしても、つねにリスクが付いて回ると言われます。リスクというのは、「損をする可能性」ということですね。ですからできるだけ近づきたくない、リスクを背負わないのが賢い生き方であると言われています。少なくともそう思っている人は多いのではないでしょうか。

けれども、「リスクは避ける」というその発想では、そもそも何も得られないのではないか、と僕は思っています。まず誤解がないように言い添えておきたいのは、リスクはけっしてギャンブルではないということです。リスクは何をするときにも存在するのですが、自分で管理しておけることのひとつだからです。自分の仕事のその先にどのようなことが起きるのか、その結果、計画はどのように変わるのか、当然のことですが、それは予測しておかなければなりません。しっかりと予測ができていれば、リスクとは、じつはある程度、管理できることなのだと思います。

ここではリスクを踏まえながらのチャレンジと、ギャンブルとの違いについてお話ししておきましょう。

自分で予測できないところで、増えたり減ったり、起きたり起きなかったり、よくなったり悪くなったりすること、そういうことに時間やお金を投資するのはギャンブルです。

一方、悪い状況も含めて、起こりうるリスクを受け入れながらも時間やお金をかけることができれば、それはチャレンジです。

何が起こるか詳しくリサーチして、最悪の場合はもちろん、考えられるあらゆる可能性について検討できている、しかも状況に応じてその検討をアップデイトすることができる、そのうえで投資を行うなら、それはチャレンジだと言えるでしょう。一方、何が起きるかわからないけれども、欲や勢いに任せて投資するなら、それは「損失」という結果にきわめて近いギャンブルです。

投資だけに限りません。これから自分がしようとしていることが、チャレンジなのか、ギャンブルなのか、その違いをしっかりと認識しておかなければならないのです。

あらゆる状況の仮説を立て、チャレンジを重ねよう

リスクにはけっして近寄らないという生き方は、何もチャレンジしない人生と同じです。チャレンジしない人生というのは、いつまでたっても学びも、成長も、経験もない、つまり、何もしないのに近いものなのです。何もしないということほど無意味なことはない、と僕は思います。以前、ある本でも書きましたが、「成功の反対は失敗ではなく、何もしないことである」――これは僕にとってとても大きな価値をもつ言葉です。

その一方で、ギャンブルはする必要がないともつねに考えています。一〇〇パーセント成功する、一〇〇パーセント勝てる、一〇〇パーセント増える、一〇〇パーセントうまくいく、そんなことはありえませんが、何事に対しても経験や知識を総動員すれば、最悪の事態に対しては、かなりの精度の仮説を立てることができるでしょう。それを踏まえたうえで、チャレンジをしていきたいのです。

仮にチャレンジが残念ながらうまくいかなかったとしても、少なくとも、その挑戦は自分にとっての大きな学びになるに違いありません。

うまくできる、うまくいくということが明確に、ときには具体的に見えているからこそ、チャレンジする価値があるのです。その見通しもなく、とりあえずやってみるとか、一か八か試してみる、というのは、ギャンブルだから止めるべきでしょう。

ギャンブルには手を出さない、これは鉄則です。それは時間とお金と労力の浪費にしかなりません。知ってはいても、うっかり無頓着になっていたり、必要以上の欲が出たり、そういうときはギャンブルをしてしまいがちです。気をつけなければいけません。

直感

ここで、直感について考えてみましょう。「なぜかよくわからないけど、とにかく惹かれるものがあるからやってみたい」という気持ちです。物事が始まるときのきっかけとして「直感」があげられることはよくあります。

けれども直感もギャンブルとチャレンジのなかで振り分けていくことができると思います。直感だけを頼りにして、何も調べず、勉強もせずに決めるのはギャンブルでしかありません。

直感というのはいわばインスピレーションであり、気づきです。ですから、それが大きな成果をもたらすチャレンジにつながることもあるはずです。けれども、それがどんなことであっても、必ず自分で調べることを怠ってはいけません。
大きな成果を求める投資には、必ず大きなリスクがある――これは知っておいてください。高いリスクを管理したければ、専門家並みの情報や知識が必要になります。そこは自分の取り組みにもよりますが、情報や知識を得るために人の話を聞いたり、ときには人を雇ったり、そのためにお金を払ったり、簡単には済ませられないこともあるでしょう。これこそチャレンジを成功させることで、自分にリターンがある投資です。

仕事においても暮らしにおいても、リスクを管理して、新たなチャレンジを続けるという取り組みは、新しい生き方をつくり出すと思っています。

チャレンジとギャンブル、このふたつの違いを正しく理解しておけば、人生における取り組み方が変わるような気がします。

そのためには、未来を予測しておく癖をつけておいてはどうでしょうか。先のことを予測し、仮説を立てておく準備それ自体がリスク管理のひとつであると僕は考えていますが、暮らしのあちこちで仮説を立てる（つまり準備をしておく）癖をつけるだけで、あなたのリスクは違ってくるでしょうし、そのために必要な学びや経験が見えてくるはずです。これについては、このあとでも詳しくお話ししましょう。

社会で起きていることをよく見ていると、そこから得られる学びは多いものです。「この会社はこういうふうにリスクを管理しているのだな、勉強になるな」と僕もよく思います。

つねに、さまざまな事柄について未来を予測し、自分なりの仮説を立て、日々の暮らしや仕事におけるリスクを管理していかなければなりません。「なんとかなるさ……」、「人がやってくれる」と思ってしまうのは、日本人の悪い癖です。より遠くを見通し、自分が取り組む道を、今日から探してほしいと思います。

14

心配性な自分

毎日、確認しているもの

毎日、四つのスケジュール表を確認します。「今日のスケジュール」、「今週のスケジュール」、「一カ月のスケジュール」、「三カ月のスケジュール」。

毎朝、四種類のスケジュールを見て自分の予定を確認するのです。なぜ毎日見るのか。毎日確認しないと不安なのです。自分が未来のためにやるべきことを忘れているかもしれないという恐怖心があるのです。自分には忘れてしまいがちなところがあるのをよく知っているので、毎朝スケジュール表を見て確認するのです。

スケジュール表に限らず、状況の変化に合わせて、毎日、見ていないといけないものがあります。日々更新される情報やデータなどなど。

たとえば、ですが、僕の意識で言えば、毎日決まった時間に体重計に乗らない人は、それだけで数字という事実から逃げようとしているように見えます。なぜ、毎日体重計に乗らないのでしょう。推測で言うと、体重計に乗らない人は、現実を確認するのが怖いのだと思います。いつの間にか二キロ増えているとか、三キロ増えているとか、リアルな数値で体重の増加を知るのが嫌なのです。そういう人は、おそらくお腹のまわりのふくらみから体重は確実に増えていると暗に察しているけれど、数字を見てしまうとショックを受けるから、見ないようにしよう、と考えてしまうのでしょう。そうでなければ自分の健康に対して、まったく無頓着なのでしょう。いずれにしても、現実と向き合えずにいるのだと思います。

日々、自分の体重を確認しない人は、自分の会社の業績が悪いのを薄々感じてはいるが、それを示す具体的な数字を目の当たりにするのはショックなので、見ないようにしている、という経営者と同じです。

もしもあなたが会社を経営しているのであれば、当然ながら毎日、会社の業績に関する数字を全部見るべきです。それは部下の誰かが管理してくれているからいいだろう、などと人任せにしている経営者のもとで働くのは誰だって不安でしょう。

数字ははっきりと示します。「体重が五キロも増えている」と。それを見ようとしないのは、事実を見ようとしない証拠です。それでは何事もうまくいくはずがありません。

僕は毎朝、決まった時間に体重計に乗ります。自分の体重がふえているか減っているか、確認するのです。たぶん今日も同じだろう、という日もありますが、それでもかならず量るのです。それは、ルーティンだからです。

毎日体重を量る人と量らない人とでは、仕事への取り組み方も違うのではないでしょうか。自分の体重に無関心、太ろうとやせようと関係ない、という人は自己管理に問題があるとしか思えず、安心して仕事を任せられません。体重でなくても、体温を計るでもいいのかもしれませんが、毎日、自分の体の状況をチェックする習慣は、小さなことのようで、じつは大きなことです。その人のセンスは、このような小さなところにも表れてくるものです。自分の未来を考え、自分の体調を思いやり、自分で管理してととのえている人と、そうでない人のポテンシャルは、まったく違います。

心配性な自分でいる

これからは、いろいろなことが起こるでしょう。自然災害も、地震も、経済も、さらに不安はふえるでしょう。日本、アメリカ、中国……、世界の国々のなかでどこが栄えるか、どこが衰退するか、そういう未来図を描き、そのなかで自分はどうやって生きていくのがいいのか仮説を立てておくべきです。

つねに、ある種の不安感や恐怖心を、自分のなかで失ってはいけないと思うのです。心配性な自分でいるというのも、センスのひとつです。

だから、「大丈夫だ、大丈夫だ」と楽観的にふるまい、どうにでもなれと現実を見ようとしない生き方は、これからの時代においては取り残されていくのではないでしょうか。

見たくないものから目を背けてはいけません。現実をしっかり見て、それに関心をもち、真摯に向き合う姿勢が必要です。うっかりしていると、気がついたときには、とりかえしがつかないことになりかねません。

将来的に起きる可能性がある問題を、起きたときに対処すればいいと構えているのは、思えばおかしな話です。何か大きな事件が起きると、いつも思います。「こういうことが起きる」ってわかっていたでしょう、と。なぜそのための準備をしてこなかったのですか？ と。

未来に関心をもち、今日を生きるというのが、新しいこれからのセンスなのでしょう。

そう意識するだけで人生は変わると思います。

怖くて、びくびくしている心配性な気持ちを忘れずに、現実から目をそらさずに、何が必要かを自分の頭で考えていく。そうすると、自然と穏やかに生きていけるものです。

15

未来を予測する

現状把握と物事のサイクル

僕たちは新聞やメディアのニュースを通して、世界で起きていることを知ります。けれども当然のことながら、それらは起きたあとに知らされるのです。すでに起きてしまった出来事を知り、自分にかかわることであれば対処方法を考え、手を打ちます。つまり自分の行動や思考は、つねに後手後手のものにならざるをえません。

想像していなかった何事かが起きたとき、最初に行うべきことは、現状把握です。仕事の場でも暮らしでも、これは基本です。

もしも、会社のなかで大きなトラブルが起きたなら、あわてて対策をこうじるよりも、最初にするべきなのは何が起きているのかを正しく把握することです。

そもそもトラブルが起きていなくても、自分の仕事において現状把握しておくことは日々の習慣にしたいものです。

ではどのように現状把握をすればいいでしょうか。それこそ情報収集です。新聞、テレビのニュース、インターネットを含めて、自分が信頼を置いているあらゆるメディアを当たり、情報をインプットしていくことです。自分の身近なところから世界に対して網を広げ、必要なことをきちんととらえようという気持ちで、向き合います。

現状把握と並び、大切なことがもうひとつあります。それは何事であれ、物事にはサイクルがあるという事実を知ることです。そのサイクルにしたがい、どんなことも似たような過程をたどり、くり返し起きるものです。情報を集め、整理していくのが大切なのは、同じことがあるサイクルで再びやってくると、あなたに教えてくれるからです。

物事のサイクルを知ること。そのサイクルを知れば、次に何が起きるかという仮説が見えてくるはずです。この仮説こそ、あなたの未来を照らしてくれるものです。

テクノロジーの未来から予測しよう

テクノロジーの分野で考えてみましょう。僕たちの暮らしや仕事上の変化のほとんどが、テクノロジーの進化によるものだからです。現在、この分野では一〇年後の未来の確実な予測が、二〇年後なら八〇パーセントの確実性の予測が立っているとされています。テクノロジーの未来が明らかにされているということは、僕たちの一〇年後、二〇年後の仕事や暮らしでは何が可能になっているのかが見えるということです。

これから何が起きるのか、その青写真を目の前にしたなら、さっそく自分自身の将来にむけて準備を始めなければなりません。

たとえば車の自動運転の実現は目の前と言われていますが、それによりどのように暮らしや仕事が変わるか、考えてみてください。夢想してほしいのではありません。情報を集め、予測するのです。その未来の世の中であなたはどのような活躍ができるでしょうか。そのためには、どのような準備が必要でしょうか。

僕や一緒に仕事をしている仲間たちは、今日のためのルーティンや作業をこなしながらも、さまざまな情報を探し出し、未来を予測しています。一〇年後には世の中がどうなるのだろうか、さらに新しいものが生まれているのだろうか、どんな新しい変化が起きるのだろうか、と。それはあくまでも自分の主観の域を出ませんが、専用のノートブックを作って、そこにそれぞれが予測した仮説をアウトプットしています。

じつは、一〇年後、二〇年後の世界を正しく予測しようとすることは、今現在、自分が置かれている環境や自らの成果、評価している事柄などを、否定していくことになるのです。未来はつねに現在を新しく書き換えることで実現しますから、それはしかたがないことですが、感情的には認めたくないことも多いでしょう。けれども、僕たちはそれを認め、受け入れる勇気をもつべきなのです。それもまた、ひとつのセンスですね。

けっして喜ばしいことではなくても、変化を受け止め、肯定していくことができれば、実際にそれが起きたときに、すでに準備してあるものとして、その先に進むことができます。あるテクノロジーで世の中が一変したときに、あわてる自分がいるか、それに対して準備ができている自分がいるか、それはすでに今から始まっているのです。

一〇年後を毎日考える

僕も、毎日考えています、一〇年後に何が起きるんだろう、と。今の時代、それは調べればほとんどイメージすることができます。しかも、意外なくらい簡単に。けれども、そんな簡単なことですら、調べようとする人が少ないのです。こんな便利で、世界の頭脳や情報とつながっている今であるにもかかわらず、みんな未来を予測することに価値を見出せていないのですね。未来予測なんて無理、そんなことを知って自分にとって何になるのだろう?

と思ってしまうのでしょう。けれども、そこにこそ自分が何かをなしとげるためのヒントが潜んでいるのです。

僕は自分のはたらきで、小さな一歩でも世の中を前進させていきたいと思っています。そのために、何をどうしたらいいだろうと考えますが、そんな僕が知っておきたいのが、自分の知らないところですでにスタートしている一〇年後のプロジェクトや動きです。これをどのくらい知ることができるのかが自分の未来の働きに関係しているのです。

今日の世の中は、明日になったらもう古いのです。今だけを見て「これをやろう」と決めて、がんばったすえに成し遂げられたとしても、はたしてこれから先の世の中のことを考えずに進めたことにどのくらいの可能性があるでしょうか。明日になれば今日は古いのですが、半年後、一年後、三年後であったらなおさらです。そんなことにならないためにも、つねに未来を予測することです。少なくともイメージすることです。

新聞でもインターネットでも、情報収集をして、ヒントを探し出し、そのヒントを手がかりにして、未来に起きようとしているプロジェクトを解き明かすことを忘れてはなりません。仮説というのは、ファンタジーではないのです。

自然災害と疫病

余談ですが、一〇年後、二〇年後という将来に何が起きるかを予測する際、考えてみたいトピックがふたつあります。

ひとつは自然災害。もうひとつは疫病。

自然災害も疫病も、世界規模のトピックですね。こんな大きなトピックですら、たぶん再び起きるだろうという程度にしか考えていない人が多いようです。

いつか大きな直下型の地震が起きるだろう、たぶん海水温の上昇により大水害がますます増えるだろう、コロナ以外の新しいウイルスが蔓延するだろう、というのは頭のどこかにあるのでしょうが、暮らしと仕事において今から本気でそのために準備をしている人がいったいどのくらいいるでしょうか。自分の問題としてとらえ、自然災害と疫病がやってくる未来のために準備している人はごく少数派です。

自然災害や疫病がどのような被害をもたらすかも、テクノロジーの未来同様、一〇年後、二〇年後の見通しが示されています。自然災害の原因のひとつとされている環境問題への取り組みも、ニュースなどを通して多くの人の耳に入っているはずです。けれども、みんなそれを認めたくないのです。なぜなら自分たちの快適な今の暮らしを取り上げられるからです。今のままを続けている結果、絶望的な未来が訪れたとしても。

自然災害と疫病、僕たちは本気でその準備をするべきです。すぐにでも始めるべきです。自分にできる世の中への貢献には何があるだろう、社会とどのような関係性を築くべきだろう、未来をみつめて、僕もそれを日々試行錯誤しています。

16 不条理を越えて

行き詰まりは次のステージへのサイン

日々、必ず不条理なこと（ハラスメント）が起きます。身に覚えのないトラブルにまき込まれたり、不当に扱われて傷ついたり、ときには、考えてもみなかった自分像を押し付けられ、それに悩むこともあるでしょう。どんなに優秀な人であっても、この世界でたくさんの人たちと一緒に生きていく以上、異なる価値観や異なる目的で動いている人たちとの軋轢は避けられません。

自分に原因があるわけではないのに、仕事がうまくいかなくなることもあります。だからと言って、収入は増えず、支出が減るわけではない。しかもこの状況がいつまで続くのか、誰にも見えない。そんな不条理もあります。

「自分が何をしたらいいかわからない」などというような悩みを抱えて、動けなくなってしまうときもあります。

今の時代は、さまざまな不条理をかかえながら、それでも生きていかなければならない時代です。誰もが一度ならず、きっといく度も行き詰まりを感じているでしょう。

けれども僕は、どうしようもなく行き詰まってしまうというのは、けっして悪いことではない、と信じています。

行き詰まりというのは、考え方次第でチャンスに変わるものだと思うのです。なぜなら、頭をかかえて「自分には何ができるか」と悩み抜いたあげく、ほかでもない自分自身が変わらざるをえないことに気がつくからです。昔から「火事場の馬鹿力」と言いますが、本当に追い詰められたとき、人は新たな力を発揮して、不条理を乗り越えていくのです。

今までの自分から新たな自分に変われば、たいていの場合、おのずと新しい道が開けるものです。人生とは不思議なもので、変われば変わったぶんだけ、新しい道が必ず見つかります。もしも行き詰まらなければ、それまでの自分を捨てる機会はないままだったかもしれません。

だからこそ、僕は、「行き詰まり」、「苦境」、「逆境」などと言われるものは、自分が成長している証しでもあり、新しいステージに進むためのサインだと受け取っています。自分の仕事が行き詰まり、今までと同じ方法でやってもよい結果が出せないのが目に見えたら、もはや自分が変わるしか道はありません。

もうここから先には道がないとわかったら、次は、何に対して、どういう変化を起こしたらいいのか、と考えられるようになるでしょう。それだけで、少し楽しく前向きになれませんか？

不条理なことに悩むことが多くなった今、これはとても大事なことのような気がします。たとえそれが自分に原因があるわけではないにしても、行き詰まったまま何もしなかったら、しぼんでいく一方です。自分がこれまでに築き上げてきた生活や自分の家族を思い浮かべると、このまま小さくしぼんでいくのに任せるわけにはいかないでしょう。ない頭も使わなければならない――そうすると、どんな人も、みんな気がつくわけです。周囲の状況が変えられないのなら、自分が変わるしかないのだ、と。そして、新しい道、新しい自分を探して、必死でその道を突き進むしかないわけです。

その道は、時には、思いがけないかたちでやってくることもあります。たとえば、「そうだな、パン職人になってみようかな」と思いついて、ふわっと新しい道が自分の前に開けることもあるのです。

こだわりを捨てよう

もうひとつ、予想もしなかった不条理に見舞われたときは、それをうまく受け止め、うまく対応して生きていかなければなりませんが、そのためには、日ごろから「求めすぎない」、「期待しすぎない」、「望みすぎない」、「必要以上に考えすぎない」癖をつけておくというのも大事なことだと思います。そうすることで、できるだけストレスを生まないように、いわばあらかじめ心の免疫力をつけておくことができるからです。

少なくとも、「自分が、自分が」という自己中心的「すぎる」発想を少しずつ外していったほうがよさそうです。

自分で自分を守る、主体としての自分にこだわるのは、まったく悪いわけではないのですが、ときどき、みなさん、こだわりすぎているのではないかと感じるときがあります。自分を主体として大切にしすぎるから、不条理なことに対して深く傷ついてしまうのだと感じるのです。

「プライドを傷つけられた」とか「侮辱された」、「無視されている」……、もしもそう感じたのだとしたら、まずは少しばかり自分のプライドを脇に置いてみてはどうでしょうか。ときには一歩引いてみたり、我慢してみたり。

僕は、プライドというのは、あんまり役に立つものではないと考えていて、むしろ自分を主体にして考えるのではなく、世の中や他人を主体に考えるほうがいい結果を生むことが多いと感じます。

個人的な人間関係でも、会社でも、社会でも、人と人とのトラブルは、しばしばプライドが高いことによって起きるものです。もう少しプライドを忘れたほうが楽になるのに……そういうことはよくあるのではないでしょうか。

そして、世の中はけっして平等ではないということをもっと知るべきです。平等だと思いすぎているからストレスを感じるのだと思います。

もちろん、自己というのは大切にしたほうがいいですし、自分をゼロにする必要はないのですが、一方で、自分を最優先させない姿勢も忘れてはならないと言いたいのです。

「自分と他人」という関係よりも、もっと大事なことはたくさんありますし、自分にとっての本質は別のところに置いておくほうが賢明です。「自己承認」という言葉が流行っていますが、みんな自分を優先し、プライドを大事にしすぎているように思えます。

17

幸運と不運

不運を受け入れる

社会的に成功を収めている友人たちに、何を大事にしているかを聞いてみると、「運」と答える人が多くいます。どの人も当然、学びの努力はしているのでしょうが、みんな「結果的に運が良かった」と言うのです。「自分の実力だよ」なんて言う人はいません。けれども、けっして謙遜しているわけでもなさそうです。

友人たちの答えを聞くうちに、運を味方にするというのは、とても大事なことだと思うようになりました。運を味方につけるためには、まずその「運」の存在を信じることが基本です。ここでは「運」について、少しお話しをしましょう。

もちろん「実力」や「努力」も成功するための重要なカギに違いはないのですが、それだけでは足りないようです。僕は、最終的な物事の結果を左右するのは、つまるところ「運」のような気がしています。個人の小さな会社から大企業にいたるまで、最終的な結果は運次第なのだろうな、と思っているくらいです。

では、運を味方にできる人たちは、どういう考え方や生活をしている人なのでしょうか。まず彼らは、基本的には前向きです。どのようなことが起きたとしても前向きの姿勢で向き合います。

運には「幸運」と「不運」の二種類があります。運を味方にできる人たちは、そのどちらも自分に起きる運であることを知り、どちらが起きてもそれを受け入れているのです。つまり、「幸運」だけでなく、「不運」も当然のこととして受け入れられる人が、最終的に運を味方にしている人たちなのです。

誰にでも、必ず不運なことは起きます。よいことが起きると、それと同じ量の悪いことが起きる――不運を受け入れられる人は、それを自然だと考えているのです。

たとえば、大きな災難が突然に起きて、自分が経営している会社もその影響を受けることになったと想像してみましょう。幸運と不運が両方とも起きることを知っている人は、起きたことを受け止めて、当然のことだと前向きに考えることができます。不条理だとは思わないのです。もちろん、会社がうまくいかなくなる可能性も出てくるでしょうし、本当に困るでしょう。けれども、これは不自然なことではない、自然なことだと受け入れられるのです。

起きたことを悔やまない

よい結果だけを望んでいたら、成功はできません。

運をよく知っている人たちは、何が起きてもあわてるそぶりすら見せません。どんなことが起きても、そういうことも起こりうると知っているからです。起きたことは、もう取り返しがつかないのですから、悔やむ必要はないし、あれこれ言うこともない。いいことも起きるし、そうでないことも起きる、という事実を受け入れることができる――これが運を味方にしている人たちです。

周囲の人たちが、自分や会社がこうむった被害を目にして「大丈夫ですか?」と心配したりしますが、経営している本人はいたってふつうでいつもと変わらない。嘆くどころかそれを笑いの種にして生きているのです。

会社を襲う危機だけでなく、悪意に満ちた噂、嫌がらせ、災難、人生にはさまざまなことが起きます。運を味方につけて、成功を重ねている人であれば、一夜でどん底に叩き落とされるようなことがあっても、きっとそれを受け入れられるでしょう。今まで幸運だったのだから、そろそろ不運がやってくるころだった、と考えられるでしょう。いいこともあれば、悪いこともあるのです。

僕の知り合いにとても面白い人がいます。その方は著名な資産家のひとりですが、万が一、片足がなくなっても、片腕がなくなっても、ガンになっても、起きたことはすべて自分の面白いネタにして生きていく、と言い切ります。それを聞いたときに、「なるほど」と思いました。彼も「運」の真実を知っているのですね。ですから自分に起きたすべてのことを受け止めることができる、そして、不運の次には必ず幸運が来ると信じることができるから、前向きになれるのです。自分に起きるマイナスを笑い飛ばして、全部プラスにしようということの強靭な心。これこそが運を味方にする秘訣なのだなといつも思います。

前向き、スーパーポジティブ、人はいろいろな言葉で表しますが、彼の何がすごいかというと、結局、欲ばってよい結果だけを望んでいるわけではないということです。

不運を乗り越えるために

運を知る賢い人は、ときには、わざと自分から転びます。つぎつぎと幸運がつづくと、あるときにとんでもなく大きな不運が訪れるかもしれません。次にやってくる不運が、立ち直れなくなるほど大きなものだったらどうしましょうか？　それを避けるために、わざと小さい不運でつまずいておくのです。運を味方にしたければ、そうしてバランスをとる賢さが大切です。

また、運の賢人は不運なことが起きたときに、それが致命傷にならないように備えを怠らず、率先して別の手を打っておくようにしています。

たとえば、何かが起きてもほかの仕事でカバーできるようにしています。

運についての学びを深めた僕の場合は、文章を書く仕事をする一方、ブランディングやコンサルタントの仕事もしていますし、会社を経営し事業も手がけています。よく、「なぜそんなふうにいろいろしているの？」と聞かれますが、そうしたいからしているわけではなく、自分にも何か不運が起きるということを想定したポートフォリオをつくっているのです。さまざまな可能性を考えて、できることの手はずを整えておくのです。

もしもあなたがサラリーマンだとして、突然に会社を解雇されるようなことになったとしても、自分には副業や趣味の得意分野があるから、こちらをつづけていけばいいと、そんなふうにしておければいいですよね。

運を知っている僕の友人たちも同じです。経営者として会社を運営する一方、料理をしたり、投資をしたり、趣味を深めたり。みんな心配性ですから、いろんなことをしています。

つまり、本業以外にも何かを手がけて、何かが起きたときの自分の逃げ道をつくっておくというのは、運を味方にするひとつのやり方だと思います。

自分の不運をネタにして生きるだなんて露悪的だ、と後ろ指を指す人もいるかもしれませんが、それはぜんぜん悪いことではないと僕は思います。ネタにできるというのは、まっすぐに受け入れて、客観的に見ることができるということでしょう。客観的に見るというのは、人生を受け入れる、最初の一歩です。

そして、雨のあとには必ず太陽が輝くように、不運のあとには必ず幸運が訪れるのです。

18
分かち合う生き方

社会からの預かりもの

「豊かさ」や「しあわせ」とはなんでしょうか?

多くの人は、何かが自分のものになるということを豊かさやしあわせであると勘違いしているのではないかと思えてなりません。

たとえば一生懸命働いて収入を増やすことは、豊かになるひとつの方法であるのに間違いはないのですが、さて、それでは収入を増やしたあと、その先に何があるのでしょうか。

たとえ収入がどんなに増えたとしても、僕はそのお金を自分だけのものにしてはいけないと思っています。自分が得たお金は自分だけのものにしないで、どうやって世の中に還元していくのかを考えるべきなのです。世の中のためにどう使うのか、どうすればみんなの役に立つかを考えること、それが正しいお金との付き合い方ではないでしょうか。センスについての学びを深め、新しい生き方を模索していくうちに、そう考えるようになりました。

お金ばかりではありません。自分が手にしている家も身の回りのものも、すべてが同じです。これらは自分のものではなく、じつは社会からの預かりものであると思っているのです。

そう思わずに、自分だけのものだと勘違いしているから、いろいろと問題が起きるのでしょう。自分のものなのだから乱暴に扱ってもいいし、飽きたら捨てることも自由だろう、と。こんな自己中心的な考え方を許している今の世の中には何とも複雑な気持ちになりますが、お金でも、身の回りのものでも、一度は自分が手にすることになるのですが、それを自分だけのものにしてはいけないのです。

どうしてこのように考えるようになったのか——それはこの価値観は新しい生き方として備えておきたいものであると同時に、しあわせはそこにしかないと考えているからです。

もの言わぬものとの付き合い

マスクをする生活が長く続き、気づいたことがあります。それは、僕たちの身の回りにはたくさんの「ものを言わないもの」があることです。暮らしのなかのほとんどのものが、

「ものを言わないもの」なのではないでしょうか。たとえば、植物は「ものを言わないもの」です。ほかにも食器、家具、洋服、壁に飾った絵、お金、時計……、まだまだたくさんあるでしょう。そういうものたちと自分とは、どのように対話をしていけばいいでしょうか。

この「ものを言わないもの」たちは、自分のもののような気がするのですが、じつは自分のものではありません。さきほど述べたように、社会からの預かりものなのです。それでは、これらのものを、自分はどのように大切にしていけばいいのでしょう。

身の回りにある「ものを言わないもの」たちは、すべて自分のものではなく、社会から預かっているものであるなら、ただもっているだけではなくて、世の中のために社会のためにどのように使うのがいいのかを考えることが自分の責任だと思うのです。

預かりものであるからこそ、こわしてしまうようなことをしてはいけないし、無駄にしてはいけないし、消滅させてはいけないし、価値を下げてはいけないのです。

新しいセンスはそのような生き方のなかにあるのではないでしょうか。

責任と暮らしぶり

人にはそれぞれが背負っている責任があります。

当然のことながら、責任をまっとうするには、必ずそれに見合った負担が生じます。もしも責任を果たすことができなくなれば、その人は信用を失います。責任が大きくなれば、そのぶん強いストレスにさらされ、時間も体力も必要とされるでしょう。けれども、どんなに責任が重くなっても、人間の心身はみんなほとんど一緒です。大きな責任をもつ人たちがとくにストレスに強かったり、ハードな体力があるわけではありません。だからこそ責任を背負っている人は、働きつづけることができるように、それぞれのコンディションを守ることに気を配り、その環境をととのえておかなければなりません。環境をととのえることで、初めて社会から与えられた課題に向き合えるのです。

責任や信用にもスケールの違いがあります。この人のスケールは日本、あの人のスケールは東アジア、もちろん全世界というスケールもあるでしょう。自分の半径五〇メートルの人の暮らしを良くするということを自分の課題にしている人もいると思いますが、その人が自分の責任を果たすために必要とされる環境は、仮にワンルームのアパートであるとしましょう。一方、東京都全体を自分が何とかしなければならないというスケールですと、こちらの人の責任はもっと大きくなります。ともかく忙しいでしょうし、複雑にからみあったトラブルを解決しなければなりません。そうなると、自分をととのえる環境はワンルームのアパートでは無理で、もう少し広い空間、仮に3LDKにしましょうか、そのくらいのスペースがあれば、心身ともに責任を果たす準備ができるでしょう。

さらにその責任のスケールが日本全体、あるいは東アジア全体と広くなっていくなら、それに合わせて環境をととのえることが必要になります。住空間だけでなく食事も違ってくるでしょう。つまり、社会的な責任が増してくると、必要なものが増えてくるわけです。

重い責任を担う人には高い報酬が支払われますが、それは責任を果たすために心身をととのえる環境づくりに使われるべきなのです。翻って言うなら、社会的な責任が増すならば、その責任を果たすために自分の暮らしぶりを変えなければならないのです。

一見、成功した人は大きな家に住み、贅沢をしているように見えますが、それは贅沢ではありません。その人が活躍するために必要な環境なのです。しっかり休み、心身をととのえ、全力で社会のために働けるように、住むところや食べるものを充実させる、そのために自分の収入を使うのです。正しく仕事をして、正しく社会的責任を背負って仕事をしている人たちの暮らしぶりがよいのを、贅沢をしていると考えるのは勘違いだと思います。

ほんもののセンス

自分のものにしたい、支配したいという欲望は、必ず人間の心のどこかに巣くっています。

この「所有したい」という欲望のために、どのくらい大きなトラブルが起きているでしょうか。国と国のあいだの問題の多くがそうですし、夫婦のあいだのいざこざも、職場関係や友人関係のもめごともそうです。

だからこそ「所有したい」という欲望と折り合っていくときにも、「もの言わぬものとどう接するか」を考えることは、とても大切なカギになります。

たとえば、「ていねい」という言葉でもいいと思います。「ていねい」とは何でしょうか。そのひとつの答えが、「もの言わぬものとどう接するか」です。もの言わぬものとの付き合いには、「ていねい」は欠かせません。そしてそこには「感謝」もありますね。感謝という言葉は、人生のどこにでも置いておきたいものです。

自分のものだから、食器を割ってしまってもいいし、植物を枯らしてしまってもいいし、洋服が汚れたり破れてもいい……そういうのはみな古い考え方です。このような考え方は、もうそろそろ捨てたほうがいいですね。その古い発想こそが、今の世の中の悪い問題を生むのでしょう。

何が古い考え方であるのかを見きわめて、世の中の人たちと分かち合える生き方を模索するのが、ほんもののセンスなのです。

19

穏やかに力強く

僕が憧れる人たち

穏やかで静かだけれども、地に足のついた人生。けっして目立つことはしないけれど、人生を賭けたビジョンをもっている人、自分のなかに、ある種の哲学のようなものがある人、その人たちの強く賢い生き方に憧れます。

今という時代は、承認され多くの人に知られることに価値があるとされています。みんなSNSでフォロワー数をふやすことに躍起になり、「いいね」の数が評価の基準のひとつになっているようですが、とてもおかしな話だと思います。

華僑の人たちに古代から伝えられている知恵のひとつに、「本当に賢い人は、才能を隠す」というすばらしい言葉があります。日本でも「能ある鷹は爪を隠す」と言いますね。

「出る杭は打たれる」とも言われます。どれも、なるべく自分の才能や長所は他人から見えないように、隠しておくほうがいいという教えです。

自分の成果や能力を自慢したい気持ちが湧いてくるのは、ある意味で自然なことです。「すごいね！」とほめられることは、間違いなくうれしいものですから。けれども、それをぐっとこらえて黙っているのがいい。その強さや賢さに僕は憧れるのです。

そのためには、まず目立たないことです。目立つことで世間からは注目されますが、その一方で、自分が世の中からどのくらい信用されているかを正しく知っておいたほうがいい。目立つことと信用はけっして比例しないのです。

生き方が美しい人

自分のビジョンやある種の哲学のようなものをもっている人は、どんなことが起きても、淡々とそれを受け入れて生きているように見えます。少なくとも、何事かに自らの人生を賭けている姿は、それだけで非常に美しい生き方です。

「自分はこうなりたい」というゴール設定が明確で、人生を通して何をしていくのかがはっきりと見えている人は、あわてないし、急がないし、何よりも穏やかです。そのゆるぎない様子が美しいと感じさせるのでしょう。

自分が心のなかにもっているビジョンは、他人に見てもらうものではないし、人と比べるようなものでもありません。ましてや、マニフェストのように掲げるものでもないのですが、それでも、ビジョンをもっている人は、僕の目には美しく映ります。

その人の内面のありようは、外見にもにじみ出るものですが、自分のゴールというビジョンをもっている人には、水のように透明なイメージがあるものです。自分の内面をできるだけ透明なものにしておきたいという、ちょっとした心もちのようなものがそう見せているのかもしれませんが、それもまたセンスということなのではないかと思います。

僕の内面も、どのようにしたら水のように透明で、穏やかで、よどみのない感じになるのかな、と考えています。そのアプローチを自分でも続けていきたいと思っています。

センスとは、それぞれの生き方のビジョンであり、「自分はどんな人間になりたいのか」をさがす道のりのなかで見えてくるものなのではないでしょうか。

それを別の言葉でいうと、自分の未来にいたる道の歩み方または選び方だと思います。適切な道を選ぶことができれば、あなたの仕事は大きく変わっていくに違いありません。

未来への道は今日、すでに始まっています。明日の自分は新しくありたいと願っていたら、すぐにでも一歩をふみ出すべきなのです。

松浦弥太郎の「一日にしていること」

未来のために大切にしている小さな習慣。
いつも自分のポテンシャルを高く保っておくために、
必ず行うルーティンを紹介しましょう。

【朝】
五時起床。手を合わせて感謝
一〇キロのマラソンとストレッチ
体重計にのる
観葉植物の水やりと手入れ
六時三〇分に朝食
新聞（三紙ほど）と読書
スケジュールの確認

【日中（仕事以外）】
思考の時間
手紙を書く
一三時にランチを少し
研究と雑務
スケジュールの確認

【夜】
一八時に夕食
夕食後の三キロ散歩
情報系ラジオ番組を聞く
読書（絵本・児童書）
二一時就寝前、手を合わせて感謝

松浦弥太郎（まつうら・やたろう）
1965年、東京生まれ。
アメリカの古書店にインスパイアーされてm&co.booksellersを立ち上げる。『暮しの手帖』編集長を経て、現在はCOW BOOKS代表、株式会社おいしい健康 共同CEO。執筆・編集活動、映像、ラジオのパーソナリティ、コンサルタント、自らのブランドの商品開発など、枠を超えた活躍を続けている。著書に『センス入門』、『ほんとうの味方のつくりかた』、『伝わるちから』、『着るもののきほん 100』、『人生を豊かにしてくれる「お金」と「仕事」の育て方』、『なくなったら困る 100のしあわせ』など。

仕《し》事《ごと》のためのセンス入門《にゅうもん》
2021年3月30日 初版第一刷発行

著者 松浦弥太郎
発行者 喜入冬子
発行所 株式会社筑摩書房
〒111-8755 東京都台東区蔵前2-5-3
電話番号 03-5687-2601（代表）
印刷・製本 中央精版印刷株式会社

ISBN978-4-480-81684-9 C0095